万川
reflections

一步万里阔

世道

世界史を変えた
39の「道」

Great Roads

改变历史的
39条路

〔日〕日本博学俱乐部 著　　蒋芳婧 译

中国工人出版社

图书在版编目(CIP)数据

世道：改变历史的39条路 / 日本博学俱乐部著；蒋芳婧译. — 北京：中国工人出版社，2020.6

ISBN 978-7-5008-7426-3

Ⅰ. ①世… Ⅱ. ①日… ②蒋… Ⅲ. ①世界史－研究 Ⅳ. ①K107

中国版本图书馆CIP数据核字（2020）第095734号

著作权合同登记号：01-2020-2697

世道：改变历史的39条路

出版人	王娇萍
责任编辑	董佳琳　邢　璐
责任印制	栾征宇
出版发行	中国工人出版社
地　　址	北京市东城区鼓楼外大街45号　邮编：100120
网　　址	http://www.wp-china.com
电　　话	（010）62005043（总编室）　（010）62005039（印制管理中心） （010）62004005（万川文化项目组）
发行热线	（010）62005996　82029051
经　　销	各地书店
印　　制	北京盛通印刷股份有限公司
开　　本	880毫米×1230毫米　1/32
印　　张	6.5
字　　数	110千字
版　　次	2020年8月第1版　　2020年8月第1次印刷
定　　价	45.00元

目录

前言

路，是人类迁移的载体，在历史进程中扮演着重要角色。

法国波旁王朝国王路易十六与王后玛丽·安托瓦内特曾经走过的瓦雷纳出逃之路，便是其中一条。

十八世纪末，法国大革命爆发。国王路易十六与制宪会议对立，于宪法公布前携家人逃出巴黎。他们的目的地是位于边境附近的保皇党根据地，但在瓦雷纳身份暴露遭到逮捕。王室出逃的闹剧彻底激怒了法国民众，他们将国王送上断头台，最终废除了。瓦雷纳出逃之路成为法国由帝制改为共和制的转折点，其影响波及整个欧洲。从这一点来说，瓦雷纳出逃之路，可谓深刻地改变了世界历史的进程。

除此之外，在世界历史的发展过程中，还有许多条重要的路：有民族迁徙之路，如日耳曼民族大迁徙、维京人远征等；有贸易之路，如丝绸之路……如此这般，不胜枚举。人类通过路实现往来，不断为历史谱写新的篇章。

本书以这些路为切入视角，对世界历史进行剖析与解读。若读者通过阅读本书，能像穿越时空一样，踏上历史上知名或无名的人们曾经走过的、那些塑造了历史的重要道路，笔者将感到不胜荣幸。

第一章　人类创世之路

——踏寻古代史的十段伟大旅程

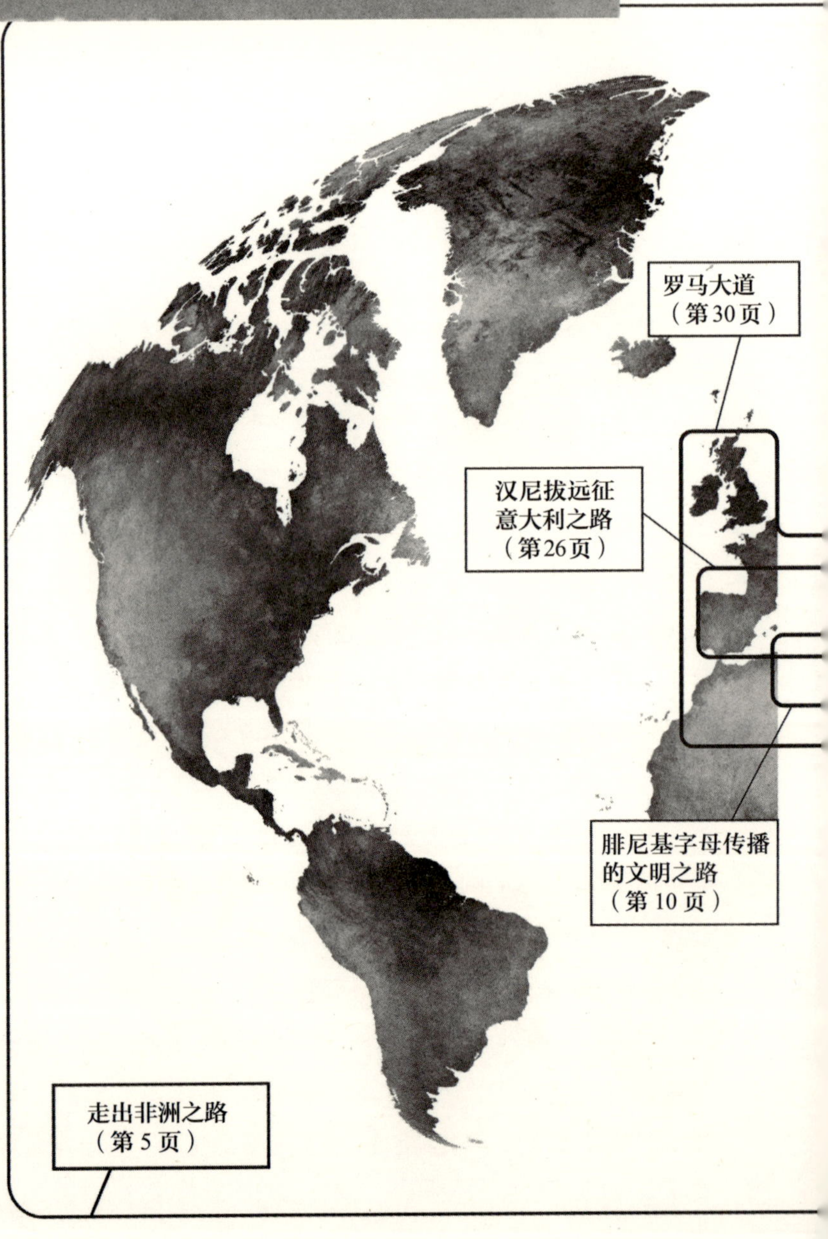

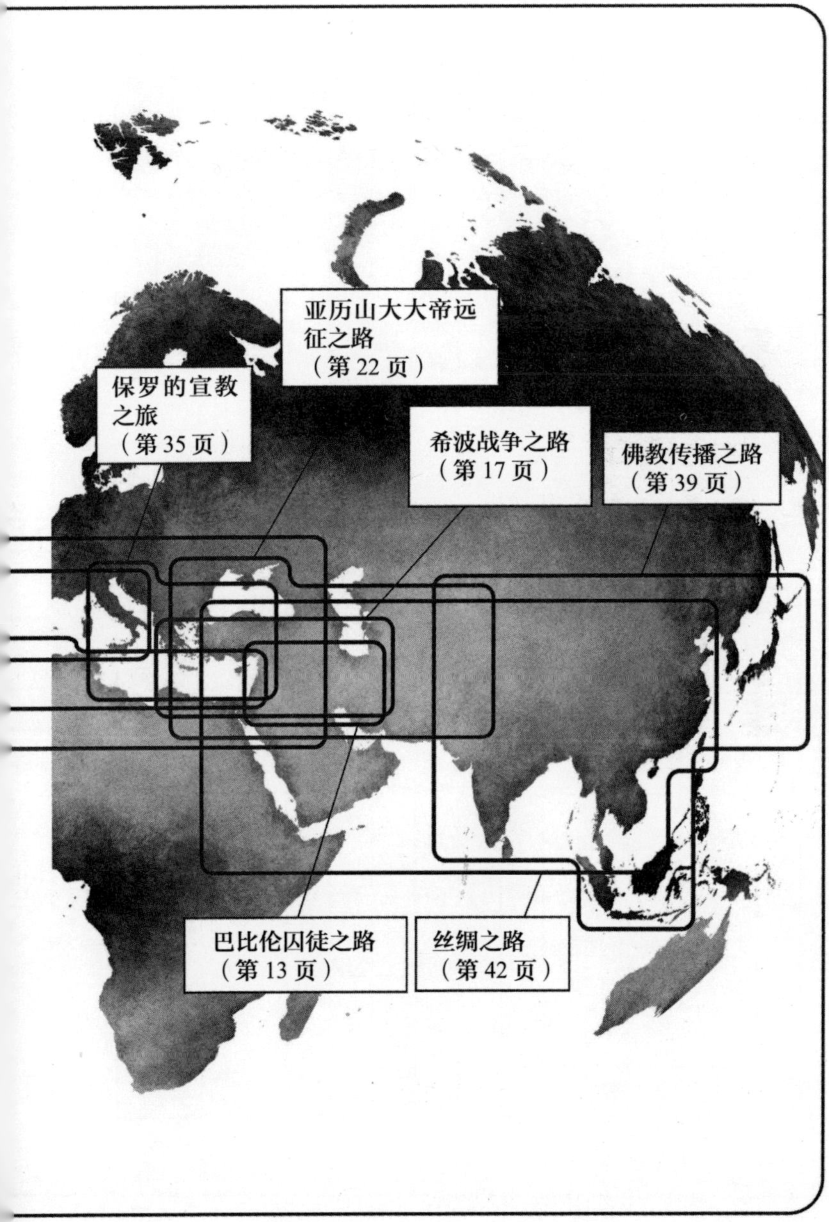
亚历山大大帝远征之路
（第 22 页）
保罗的宣教之旅
（第 35 页）
希波战争之路
（第 17 页）
佛教传播之路
（第 39 页）
巴比伦囚徒之路
（第 13 页）
丝绸之路
（第 42 页）

年代	历史事件
20 万年前	智人出现，并在距今 12 万年前走出非洲。
公元前 3000 年左右	美索不达米亚文明兴起，苏美尔人建起繁荣的城邦国家。
	尼罗河流域兴起埃及文明。
	黄河流域兴起黄河文明。
公元前 2500 年左右	印度河流域兴起哈拉帕文明。
公元前 2000 年左右	希腊兴起克里特文明。
公元前 1792 年左右	汉谟拉比成为巴比伦国王。
公元前 1595 年左右	赫梯人灭巴比伦。
公元前 1050 年左右	周朝灭商朝。
公元前 813 年	腓尼基人建迦太基。
公元前 800 年左右	希腊各地出现城邦。
公元前 680 年左右	亚述成为地跨亚、非两大洲的帝国。
公元前 586 年	犹太王国被新巴比伦王国征服，「巴比伦囚虏」事件发生。
公元前 525 年	阿契美尼德王朝成为地跨西亚、北非的帝国。
公元前 509 年左右	罗马开始实行共和制。
公元前 490 年	阿契美尼德王朝波斯帝国[1]与希腊发生马拉松战役。
公元前 480 年	萨拉米斯海战中，希腊舰队击败波斯帝国。

1 即“波斯第一帝国”，下文简称为“波斯帝国”。

公元 476 年	奥多亚克灭亡西罗马帝国。
公元 439 年	北魏统一中国北方。
公元 395 年	罗马帝国分裂为东、西罗马帝国。
公元 392 年	基督教成为罗马国教。
公元 375 年	匈人渡过伏尔加河，日耳曼民族大迁徙开始。
公元 313 年	罗马帝国颁布米兰敕令，正式承认基督教的地位。
公元 291 年	西晋爆发「八王之乱」。
公元 224 年	萨珊王朝[1]建立。
公元 208 年	赤壁之战曹操大败。
公元 2 世纪初	罗马帝国的疆域达到最大规模。
公元 48 年	保罗进行第二次传教旅行。
公元 30 年左右	耶稣受难。
公元前 139 年左右	张骞出使西域。
公元前 202 年	刘邦击败项羽，建立西汉。
公元前 216 年	汉尼拔于坎尼会战击败罗马。
公元前 221 年	秦始皇统一中国。
公元前 264 年	罗马与迦太基之间爆发第一次布匿战争。
公元前 334 年	亚历山大大帝东征。
公元前 431 年	希腊发生伯罗奔尼撒战争。
公元前460年左右	这一时期，释迦牟尼开悟。

1 又称波斯第三帝国。

走出非洲之路

从世界史的角度而言，第一条路是哪条？提起这个问题，人们多会想到起源于非洲的人类在走出非洲大陆后所留下的伟大足迹，以及以这一步为起点的人类迈向全世界之路。没有这条路，就不会有人类的历史。

科学研究的最新进展为我们清晰地描绘出了人类的这场伟大旅程。下面，让我们共同踏上这场伟大之旅吧。

DNA揭示人类祖先

人类是如何进化并迁移至全世界的呢？传统观点如下：最早的人类——早期猿人拥有了双腿直立行走的能力，在非洲进化为直立人后，向全世界迁移，在世界各地从早期智人进化为晚期智人（现代人类）。这种观点即人类“多地起源说”，直立人的旅途正是人类历史中的“第一条路”。

然而，最近DNA研究结果却揭示了完全不同的“第一条路”，其理论根据为“非洲单地起源说”。这一学说认为：虽然直立人曾迁移到世界各地，但他们并非现代人类的祖先。当时留在非洲的一支直立人分化出现代人类（智人）的祖先，他们在非洲进化后，

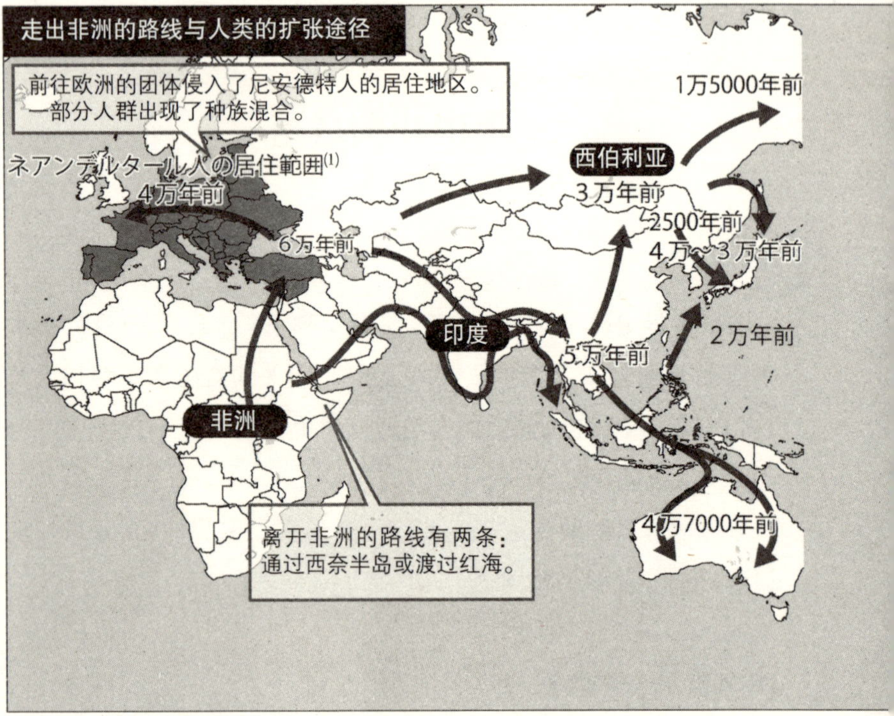

再迁移到世界各地。

走出非洲的人类

智人在非洲完成进化后，又是怎样迁徙到世界各地的呢？

距今约20万年前，人类的祖先在非洲诞生；距今约12万年前，他们走出非洲，去寻找新的天地。有观点认为，他们走出非洲，源

① 尼安德特人的居住范围。

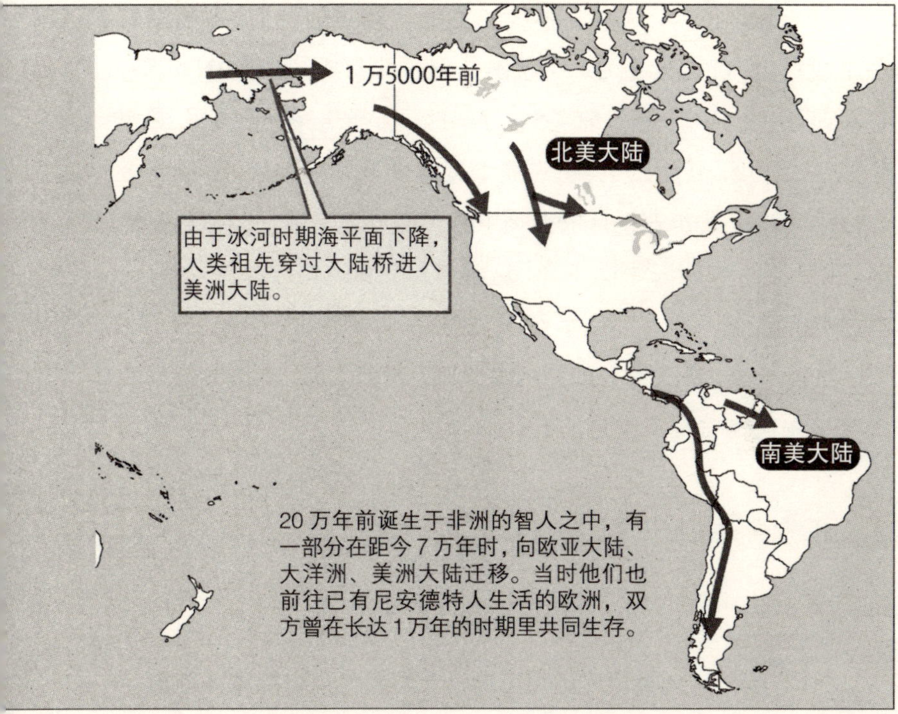

于直立行走令脑容量大为增加，因而能够自如地使用工具，并对未知世界产生了更大的兴趣。

人类走出非洲的路径大体分为两条。

一条路径由东非向北，智人以数百人为一个集体，穿过西奈半岛向欧洲方向前进。然而当时的欧洲被尼安德特人占据着，因此这条迁移路径以失败告终。尼安德特人是多地起源说中的早期智人，他们大约是在35万年前，从人类共同的祖先——直立人中分离出来的。他们先于现代人类走出非洲，在距今12万年至13.5万年前由中亚迁移至欧洲地区。

另一条路径为：从东非渡过红海抵达阿拉伯半岛，继而沿着海岸线行进入南亚、东亚。这条路径似乎非常成功。据DNA解析结果显示，大约6.7万年前至5.1万年前，选择这条路径的人类祖先抵达了印度。其后，人类祖先还来到澳洲及东亚地区。再到距今1.5万年前，抵达东亚地区的人类中有一部分北上前往西伯利亚地区。由于冰河时期海平面下降，这部分人类穿过白令海峡陆桥[1]，抵达美洲大陆。

这样一来，从亚洲大陆到南美大陆、澳洲大陆，走出非洲后的人类祖先在这些地方定居了下来。

人类祖先消灭了尼安德特人吗？

那么，智人是如何迁移至欧洲的？

约12万年前，人类祖先因尼安德特人的阻拦而未能进入欧洲；但在距今约四万年前时，人类祖先就不再屈居于尼安德特人之下了。人类祖先压制了作为原住民的尼安德特人，并逐渐蚕食其生活的地盘。大约三万年前，伊比利亚半岛成为尼安德特人最后的居住地，此后，尼安德特人便从历史上销声匿迹。

根据这一史实，有科学家认为，曾经生活于欧洲地区的尼安德特人在大约三万年前被人类祖先所淘汰。也有研究者提出：智人并没有消灭尼安德特人，而是双方共存并混血，使得纯种尼安德特人从历史上消失。这种观点的依据在于，从智人真正进入欧洲地区

1　陆桥指因地壳运动或海平面下降，使得大陆与岛连接、生物能够据此而迁徙的细长陆地。冰河时期的白令海峡是其中的代表。

到尼安德特人消失，其间经历长达一万年之久。

这两派观点都认可智人突破了通往尼安德特人盘踞的欧洲之路，成功地走向了全世界。

腓尼基字母传播的文明之路

约公元前5000年，走向全世界的人类进入农耕文明时代，古代东方的早期文明诞生。“文字”，即是文明的重要特征之一。

世界四大古文明都拥有自己的文字，如古埃及文明有象形文字，古美索不达米亚文明有楔形文字，而腓尼基人将这些文字进行简化，创造出字母的原型。腓尼基字母是如何传播的？让我们踏上腓尼基人的地中海贸易之路，去寻找答案吧。

腓尼基人称霸古代地中海

腓尼基人究竟是怎样一个民族？

约公元前3000年起，在古代叙利亚、巴勒斯坦沿岸地区（今黎巴嫩）居住着迦南人，他们之中分出的一支成为后来的腓尼基人。这一地区拥有黎巴嫩杉、线杉等木材以及香油等丰富资源，腓尼基人充分利用这些资源，与外国开展贸易从而获得财富。擅长经商与航海的腓尼基人将木材等特产行销远方。他们在叙利亚、巴勒斯坦沿岸地区逐步建起城市作为贸易据点，其中具有代表性的有西顿、提尔等。后来，腓尼基人一边扩大贸易范围，一边不断新建城邦，贸易和殖民是腓尼基人实现扩张的关键。

腓尼基人建立的殖民城邦——迦太基的遗迹，该城邦曾一度控制整个地中海。

腓尼基人的殖民城邦、居住点与贸易路线

为了扩大贸易范围，腓尼基人开拓了地中海航线。

腓尼基人居住在位于地中海东侧的叙利亚、巴勒斯坦沿岸地区，他们决心向地中海西侧进发。然而，一举夺取地中海由东到西的海上霸权显然绝非易事，因此，他们采取了逐步前进的方式，沿途不断建立贸易点，陆续地延伸、扩大贸易范围。

腓尼基人到达各贸易点的具体年份尚不得而知，从塞浦路斯岛出土的大量公元前11世纪末制作的腓尼基陶器来看，腓尼基人当时已在该岛建立了贸易点，而克里特岛上也发现了大量公元前10世纪中叶的腓尼基陶器。可见，腓尼基人在公元前10世纪中叶已抵

达此地。此外，早在公元前8世纪左右，腓尼基人已进入撒丁岛开展殖民活动。其势力范围还囊括了地中海南岸的北非全境，在如今的突尼斯建立了迦太基。根据传说，迦太基建立于公元前813年，作为地中海上的贸易中心繁荣兴盛，并在地中海一带到处建立殖民城市，将腓尼基人的势力范围扩张至位于地中海最西侧的伊比利亚半岛。

字母随着“地中海贸易”传开

那么，腓尼基人是怎样创造出字母的原型的呢？

西奈半岛地区早期使用的原始西奈文字，是一种仿照埃及象形文字造出的图形文字。到公元前20世纪前叶，巴勒斯坦地区开始使用由原始西奈文字改良而来的原始迦南字母。另外，公元前14世纪中叶，叙利亚北部的乌加里特开始使用起源于美索不达米亚地区的楔形文字，腓尼基人又在楔形文字和原始迦南字母的基础上进行改良，将它们变成线形，发明了由22个辅音字母组成的表音文字，由此创造出字母的原型。人们认为，腓尼基人之所以没有选择古代东方普遍使用的会意文字（通过字形表达字义的文字，如象形文字），是出于贸易文字必须能够简单方便地传达其想法。

后来，腓尼基字母随着腓尼基人向地中海西部扩张，使用范围不断扩大。传入希腊后诞生了希腊字母，希腊字母再传到罗马，又发展为罗马字母。由此可见，腓尼基人所开拓的不仅是一条地中海贸易之路，同时还是一条传播字母的“文明之路”。

巴比伦囚徒之路

腓尼基人建造的殖民城市巴勒斯坦，后来多方激烈角逐的舞台。

约公元前1000年，以色列人驱逐了迦南人，在这里建立王国。以色列人拥有强烈的民族优越感，创造了基督教的起源——一神信仰的犹太教。尽管犹太人的建国历程充满传说色彩，不过，从美索不达米亚至迦南的亚伯拉罕之旅到埃及的圣若瑟之旅，以及摩西率众前往迦南的出埃及之旅，以色列人的历史可谓是一部“旅行”史，在旅途的终点，犹太教与《圣经·旧约》诞生了。

灭犹太国，俘虏城民

1948年，现代的以色列国宣布建国，而向前追溯3000年，历史上曾有过一个同名的犹太国家。然而，这个犹太国于公元前6世纪左右灭亡，其后漫长历史中，犹太人一直作为一个没有母国的民族存在于世。其原因之一就是两次“巴比伦囚虏”事件。

公元前11～前10世纪，在大卫王、所罗门王的贤明统治下，古代以色列王国迎来了全盛期，之后由于内乱分裂成两部，北部为以色列王国，南部为犹太王国。公元前722年，以色列王国被亚述帝国灭亡，勉强生存的犹太王国则夹在埃及和击败亚述所建的新巴比伦王国这两个大国之间左右为难。选择与埃及结盟的犹太王国激怒了新巴比伦王国，公元前579年，新巴比伦王国包围了犹太王国的首都耶路撒冷。走投无路的犹太王国只得臣服于新巴比伦王国以避免亡国，但新巴比伦王国带走了一万名犹太俘虏，其中包括犹太王国的王族、高官、军人、工匠等。这就是第一次巴比伦囚虏事件。

这批囚徒被迫离开熟悉的耶路撒冷，被押送北上，经过撒玛利亚、利布拉，沿幼发拉底河南下，到达新巴比伦王国。在那里，他们被强行安置于规定的土地上，从事农业和商业。

从耶路撒冷到新巴比伦王国的这段旅途，拉开了犹太人苦难史的序幕。

新巴比伦王国使西底家登上犹太王国的王位，但西底家没有忘记所受的屈辱，他暗中与埃及勾连，向新巴比伦王国扬起反抗的旗帜。犹太国王背弃从属于新巴比伦王国的约定彻底激怒了其国王尼布甲尼撒二世。

公元前586年，尼布甲尼撒二世攻陷了耶路撒冷并大肆破坏。在西底家的面前处决其子女后，挖去他的双眼，把他以及曾经侥幸逃过第一次巴比伦囚虏事件的所有耶路撒冷人俘虏，一并押送至新巴比伦王国。

这就是第二次巴比伦囚虏事件。

犹太王国就此灭亡，以色列人失去了自己的国家。

耶路撒冷王国的首都耶路撒冷是犹太人永恒的圣地。

犹太教因囚虏而诞生

犹太王国的城民虽说是作为俘虏被押送到新巴比伦王国，但生活相对宽松自由。尽管如此，信仰多神教的异国生活对他们来说，依然是一种容易造成分裂的严酷环境。

在这种环境下，对唯一的神耶和华的坚强信仰，是他们保持民族身份认同的支柱。他们认为，这些苦难是神赐予的考验。周围其他民族冷眼相待则让犹太人更加相信，“只有犹太人获得了神的考验”“正因为神选中了犹太人，才让我们踏上苦难之路”，并形成了民族优越感——“犹太人是被神选中的民族”。随着民族意识的高涨，为了坚定信仰，犹太人梳理了至那时为止所有的宗教律法和宗教预言书，历经漫长岁月，编撰出犹太教信仰的基础——《圣

“哭墙”。耶路撒冷神殿西墙遗迹，犹太教徒在此祈祷。

经·旧约》。

公元前539年，波斯王居鲁士将新巴比伦王国灭亡。犹太人随之获释，得以重返耶路撒冷，还获准在耶路撒冷建造神殿。经过重返耶路撒冷的犹太人的努力，神殿于公元前515年建成。为了与所罗门王建造的神殿相区别，这座神殿被称为第二神殿。此后，尽管犹太人获得了自治的权利，但国家的建设仍需要漫长的过程。

不过，新巴比伦王国与耶路撒冷之路，坚定了犹太人的民族自信，促成了犹太教的诞生。

希波战争之路

波斯阿契美尼德王朝解放了被巴比伦囚虏的犹太人，并在公元前525年吞并埃及，成为古代东方[1]的统治者。

帝国的疆域东起印度河西岸，西至小亚细亚，南跨埃及，隔小亚细亚为界，与希腊文明圈相邻。波斯与希腊以伊奥尼亚叛乱为机变成敌对关系，爆发了长达12年的希波战争。

“东方霸主”——波斯帝国阿契美尼德王朝

伊朗高原法尔斯地区的居民被称为波斯人，波斯的国名便是来源于此。波斯人自称“伊朗人”（意为“雅利安人”）。他们原本受米底王国的统治，在阿契美尼德家族的带领下脱离其支配并建国，因此为波斯阿契美尼德王朝。公元前6世纪中后期，阿契美尼德王朝征服了爱琴海对岸的小亚细亚半岛。当时，希腊人在小亚细亚爱琴海沿岸的伊奥尼亚地区设有一些殖民城市，如米利都城。

公元前499年，伊奥尼亚的城邦为摆脱波斯统治发起叛乱，并请求雅典出兵相助。当时波斯帝国的统治者大流士一世很快平息了这场叛乱，并注意到叛乱背后存在雅典势力的支持，于是下决心

1　此处的东方（Orient），多指西亚和埃及。

远征希腊。

公元前492年，大流士一世发起了第一次希腊远征。然而，远征舰队在爱琴海的阿索斯海角遭遇风暴，从陆上进攻希腊本土的军队为避免陷入孤立无援的境地，也停止了行军，此次远征无果而终。

大流士一世并没有放弃远征希腊，两年后，即公元前490年，他再次兴兵远征希腊。这一次的远征路线改为穿过爱琴海上的岛屿链，进攻位于希腊本土的雅典。也就是说，这是一条横穿地中海的路线。其实，波斯军队之所以能够穿过复杂的岛群在海上航行，是因为有被雅典流放的希庇亚斯带路。希庇亚斯曾是雅典的执政官，因采取独裁政治引起民众反抗并被流放，流亡到了波斯。

意在进攻雅典的波斯军队从阿提卡半岛的马拉松登陆。此时，波斯军队据推测有三万人。而进行迎击的希腊军队以雅典的重装步兵为主力，人数为一万人，仅有波斯军队的三分之一。

然而，据市川定春著《古希腊人的战争》所述，决战当日，以战术见长的希腊军将交战距离缩小至弓箭的有效杀伤射程内，重装步兵一举发起冲锋迫近敌军，击退了军心动摇的波斯军队。

无论是第一次远征时波斯军队沿海岸线向希腊进发的路，还是第二次远征横渡爱琴海的进攻之路，对于波斯来说，都不幸地变为苦涩的战败之路。

将波斯大军诱至萨拉米斯海峡的绝妙战术

大流士一世攻打希腊失败，其子薛西斯一世继承了其遗志。

公元前480年，薛西斯一世毅然发起第三次希腊远征。这次军队规模为历次之最，共集结了20万大军、1000艘舰船。他汲取前两次失败的教训，这次远征采用双重路线：陆军从小亚细亚出发，通过爱琴海北岸，再沿海岸线南下攻打希腊，粮草和武器等补给则通过海路运输。

另一方，以雅典为核心的希腊军为了弥补数不胜数的劣势，采用了诱敌深入的战术，引诱波斯军队深入希腊腹地。尽管该战术意味着雅典等城市极有可能遭受波斯军队蹂躏。

因此，列奥尼达国王率领以300名斯巴达精锐为首的希腊联军，在温泉关隘口迎击从巴尔干半岛南下的波斯陆军。温泉关背靠陡峭山壁，道路狭窄，易守难攻，哪怕敌军兵力再强，也无法一举拿下。

开战之初，骁勇善战的斯巴达军充分利用地利优势，阻挡波斯军队达六天之久。但由于叛徒告密，波斯人得知绕到斯巴达军后背的暗道，战场形势也随之发生逆转，斯巴达勇士全部战死。波斯军队在攻陷雅典之后，继续挥师南下。

留在雅典城内的居民不多，因此人员伤亡不大。而在温泉关战役期间，雅典军队已乘上战舰，实行将波斯舰队引到海上的诱敌策略。雅典海军的策略是将波斯舰队引到狭窄的萨拉米斯海峡近距离交战。波斯战舰体型庞大、行动迟钝，而雅典战舰小巧灵活，在狭窄的萨拉米斯海峡作战对雅典军而言有很大胜算。

雅典军队必须将敌军引入萨拉米斯海峡，否则无法获胜。为此，雅典海军统帅特米斯托克利故意散播谣言，以麻痹波斯军队："温泉关战败后，雅典军队士气大伤，已全无战意"，"大量士兵

第三次远征中，波斯陆军在温泉关击败了列奥尼达率领的斯巴达军队。
《列奥尼达在温泉关》雅克·路易·大卫绘，现藏于罗浮宫美术馆

在希波战争中，波斯先后三次远征均被希腊军击退。

萨拉米斯海战记念碑，眺望着曾发生过激战的古战场。

抛弃雅典，乘船逃离”。

希腊海军诱导波斯舰队进入萨拉米斯海峡，通过波状攻击加以歼灭。已占领雅典的波斯陆军也因海军战败失去补给，在普拉提亚战役中战败后撤离。

波斯发动的第三次希腊远征依然以失败告终。另外，在成功击退了波斯的雅典城，战船上划桨的无产市民阶级与战争中担任重装步兵的市民阶级并肩作战，地位得到提高，民主政治随之建立。对于雅典而言，波斯的远征之路是让雅典通往“民主制”的道路。

亚历山大大帝远征之路

公元前4世纪后半叶，希波战争中一度处于被动的希腊，亚历山大大帝隆重地登上历史舞台。他毅然发起了向波斯复仇的远征。这次远征虽然破坏了古代东方世界的统治体系，但是亚历山大大帝采取的新颖政策，促进了希腊文化与东方文化的相互融合。

长达10年的远征

公元前4世纪后半叶，马其顿在巴尔干半岛中部崛起。

亚历山大大帝（三世）的父亲菲利普斯二世统治时期，马其顿在喀罗尼亚的战争中获胜，将希腊的城邦国家纳入其统治下。公元前336年，菲利普斯二世遭到暗杀，弱冠之年的亚历山大继位，成为马其顿王。亚历山大大帝在迅速镇压了希腊城邦的叛乱之后，于公元前334年发动其父念念不忘的“东方远征”，揭开了这场长达十年远征的序幕。

据说，这场远征的目的是报复阿契美尼德王朝曾经数次发起希波战争。但也有人认为，其目的在于化解各城邦因雅典和斯巴达之间爆发的伯罗奔尼撒战争而产生的不满。亚历山大大帝穿过小亚细亚，于公元前333年的伊苏斯会战中大破阿契美尼德王朝国王

庞培城的镶嵌壁画，人们认为它描绘了伊苏斯战役情景。亚历山大大帝与大流士三世陷入肉搏战。

大流士三世，之后攻下巴勒斯坦、埃及。在马其顿治下的地区也相继建立城市。亚历山大远征中共建立了700余座城市，并用自己的名字将其命名为“亚历山大里亚”。

那之后，统治了埃及的亚历山大大帝再次向东方进军。公元前331年，亚历山大于底格里斯河东岸的高加米拉再次与大流士三世对战，并再度取得胜利。借追击大流士三世之名，亚历山大大帝占领了波斯首都波斯波利斯。将波斯的财富搜刮一空后，为报复过去波斯军队焚毁雅典的行为，亚历山大大帝将波斯波利斯付之一炬。大流士三世也在不久之后遭到暗杀，阿契美尼德王朝于公元前330年宣告灭亡。

亚历山大大帝虽然以复仇之名发起了远征，但对民众的统治较为宽容，他不仅认同各地文化，还鼓励波斯的王族、贵族女性与马其顿的将官结婚。其结果就是双方的通婚行为十分普遍。其实，亚历山大大帝自己就迎娶了大流士三世的女儿和巴克特里亚的公主。

随着波斯帝国的灭亡，所有人都认为亚历山大大帝的远征将告一段落。但亚历山大大帝挥鞭继续向东，并于公元前326年渡过印度河。此时，士兵们在长期远征中感到疲惫不堪，思乡之心与日俱增，因此强烈反对。亚历山大大帝这才不得不停下远征的脚步，离开印度河踏上返程之路。公元前323年，亚历山大大帝在巴比伦暴毙，结束了其传奇生涯。

远征的馈赠——“希腊文化”

亚历山大大帝走过的远征之路成为希腊文化向东方传播的道路。

亚历山大大帝并没有单向地将希腊文化强加于人，而是在带来希腊文化的同时尊重东方地区文化，由此孕育出融合了东西方文化的“希腊化文化”。举例来说，犍陀罗参考古希腊盛行的神像（雕刻）塑造出了佛陀的塑像，从而开创了佛像的历史。同时，不靠信仰，而靠“思考”来获得内心平静的希腊哲学迎来了其集大成的辉煌时期。此外，以建于埃及亚历山大城的博物馆为中心，自然科学研究不断进步。降生于西西里岛的数学家阿基米德、平面几何学的集大成者欧几里得等学者层出不穷，而他们创造的自然科学知识后来也传播到东方。

亚历山大大帝去世后，东方地区被瓜分，各自建立了独立的希腊化国家，逐渐成为文化的传承者。

提起远征，人们往往会想到破坏和杀戮，但亚历山大大帝的远征之路同时还是一条传播希腊文化并促进希腊文化与东方文化相互融合之路。

汉尼拔远征意大利之路

当希腊文明在东方传播之时，因地中海贸易而兴起的腓尼基人将势力中心转移到北非的迦太基。公元前272年，罗马统一了意大利半岛后也开始向地中海进军。两国之间爆发了三次布匿战争。在罗马为成为“地中海霸主”发动的战争中，汉尼拔远征所留下的足迹永远镌刻在了意大利半岛上。

“地中海霸主”迦太基与罗马帝国

公元前3世纪，北非的迦太基成为腓尼基殖民地中最大的城邦国家，同时还是地中海贸易的重要基地。而罗马在公元前272年统一意大利半岛之后，也在逐步扩张势力。两个大国之间的冲突一触即发。

对于想要从迦太基手中夺取地中海制海权与贸易权的罗马来说，发生在西西里岛的冲突成了绝佳机会。当时围绕着西西里岛上的城镇墨西拿发生了一场冲突，冲突的一方向迦太基搬救兵，另一方则向罗马求援。

公元前264年，迦太基与罗马之间终于燃起战火，史称“第一次布匿战争”。在此之后的23年间战事不断。开战之初，海军占优势的迦太基一路凯歌，而在罗马投入乌鸦吊桥等新武器、克服了不善海战的弱点后，胜利的天平逐渐向罗马一方倾斜，迦太基优势不再，最终战败于罗马军队。罗马夺取了西西里岛，并向迦太基索取巨额赔款。同时，罗马还禁止迦太基保有海军，大大削弱了迦太基的军事力量。

翻越阿尔卑斯山，入侵意大利的迦太基智将

迦太基从没忘记向罗马复仇。

震撼罗马的迦太基名将汉尼拔

由于迦太基本土受到罗马的严密监视，无法完成复仇的准备工作，因而远渡意大利半岛建立新迦太基，并在当地训练军队。哈米尔卡·巴卡承担了此项重任。他于公元前229年去世，其遗志由长子汉尼拔继承。公元前219年，汉尼拔踏上了向罗马复仇之旅。从伊比利亚半岛前往罗马，通常是沿海岸线进发，但这一路线立刻遭到汉尼拔的否决。他认为，要战胜目前国力比迦太基强大的罗马，只能采取偷袭的方案。如果沿海岸线进军，就一定会经过罗马的同盟国马赛，如此一来，迦太基方面的情况就会立刻传到罗马。于是，汉尼拔选择了一条令所有人意想不到的路线，即翻越冬天的阿尔卑斯

山脉。这条路线有数种说法，不过通常认为是沿着伊泽尔河前进，翻越库拉比埃隘口。

但是，翻越阿尔卑斯山的过程远比想象中艰苦，据说，经过15天的行程，汉尼拔的军队人数仅剩不到出发时的一半。汉尼拔率领剩下的两万步兵、六千骑兵和数头战象，还将罗马治下的领主吸收至己方，使兵力扩充至四万步兵、一万四千骑兵。他们他们在意大利半岛的都林现身，向罗马的同盟城邦发起突袭，意在离间与罗马结为同盟的各个城邦。

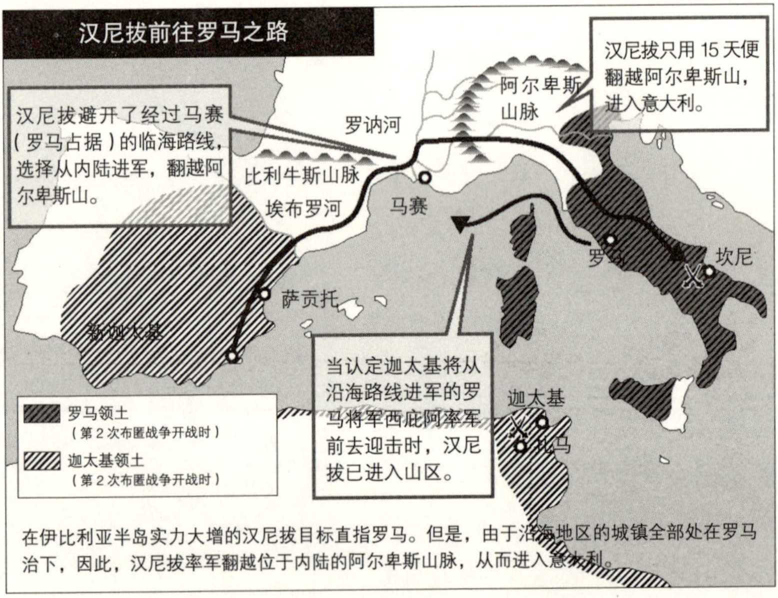

在伊比利亚半岛实力大增的汉尼拔目标直指罗马。但是，由于沿海地区的城镇全部处在罗马治下，因此，汉尼拔率军翻越位于内陆的阿尔卑斯山脉，从而进入意大利。

而罗马方面派出的军队有八万步兵、六千骑兵。

公元前216年，双方在坎尼爆发会战。人数上居于劣势的汉尼拔采取了以下战术：让中军逐步后退，由两翼的骑兵逐步击退对方的侧翼，进而包围罗马军队。这一卓越的战术成果非凡，将罗马军队全部歼灭。

大获全胜的汉尼拔在此后13年间继续横扫意大利半岛，而罗马军却一直退避，不与其展开决战，同盟城邦也没有再出现反叛。其间，罗马军队乘机进攻迦太基本土，为此汉尼拔被召回本土，以迎击罗马军队。然而，他却在扎马战役中败给西庇阿。迦太基也无力东山再起，只得向罗马投降。

汉尼拔选择的翻越阿尔卑斯山脉的路线，一度让迦太基军队取得了奇迹般的胜利，然而面对大国罗马，奇迹没有再度发生。

迦太基面临灭亡之忧

始于汉尼拔进攻罗马，结束于扎马战役，第二次布匿战争最终以迦太基的失败告终，迦太基不得不接受罗马更加苛刻的投降条件。尽管如此，迦太基此后依然实现了复兴。此时，汉尼拔推进改革以发展各类产业，使迦太基有能力支付巨额赔偿金，但他却被反对派驱逐出迦太基，流亡至塞琉古王国叙利亚，并最终在此去世。迦太基历经两次战败还能崛起，其实力让罗马帝国深感威胁。公元前146年，罗马发起第三次布匿战争，最终灭亡迦太基。

克服了诸多困难的迦太基，却如同汉尼拔翻越阿尔卑斯山脉的征途一般，还是迎来了失败这一残酷命运。

罗马大道

取得布匿战争胜利后，罗马帝国一举成为地中海霸主。在由共和制向帝制转变的过程中，罗马先后征服了高卢、埃及、叙利亚、巴勒斯坦等地，获得了辽阔的疆域，市民阶级讴歌这一空前繁荣的时代。而支撑着罗马这似乎能永远延续繁华盛世的，正是罗马疆域内如网一般密集且四通八达的“罗马大道”。

极度繁荣的罗马帝国

根据传说，罗马于公元前753年建国。罗马最初是拉丁人在意大利半岛建立的城邦国家。公元前272年，罗马统一了意大利，并在公元前146年的第三次布匿战争中灭亡迦太基，取得了地中海的制海权和贸易权。

在此之后，罗马还涌现出一批优秀的将军，如恺撒、庞培等，他们发动远征、开疆拓土。公元117年的图拉真时期，罗马帝国版图达到极盛。当时罗马帝国疆域远达不列颠（今英国）和西欧地区，以及伊比利亚半岛、达西亚（今罗马尼亚）、小亚细亚、巴勒斯坦、叙利亚、埃及、努米迪亚等北非沿岸地区。

罗马统治下的地区被划分为行省，各个行省出产的特产被运至罗马，为贵族和一般市民提供丰富的物质生活。罗马的总人口超过了100万，公元3世纪时，罗马市民一年的休息日就有200天。罗马市民们在斗兽场观看角斗士比赛，在公共浴场度过惬意的时光，还利用各行省运来的丰富食材制作丰盛的料理。据说，当时罗马人为了享受饕餮盛宴，会特意准备催吐的药。这是为了能够将吃下去的东西吐出，以便能够品尝更多美味佳肴。

公元前27年，奥古斯都成为首位罗马皇帝。在此后的200年间，帝国迎来了最为和平的一段时期，同时该时期极为繁荣，被称为“罗马和平”。

连接行省的罗马大道

“条条大路通罗马”，这是法国诗人让·德·拉封丹的名言。

正如此言，“罗马大道”支撑起罗马的繁荣。罗马帝国境内，仅主要干线便超过了八万五千公里，再加上四通八达的延伸道路，其总长能达到30万公里。

最初建造罗马大道是出于军事目的，为此罗马军队设立专门修建道路的工兵队。罗马的疆域扩张到哪儿，通往罗马的道路就修到哪儿。这也是为了防范意外，比如，刚征服的地区发生了叛乱，就能够尽快派遣军队前往镇压。因此，罗马大道多修成直线，而为了保持其直线形，修路人遇河架桥、遇山通隧。建造道路时，要先向下挖1～1.5米深用以铺设地基。铺设地基要先填入厚达30厘米的沙子，夯实后再铺上由黏土、沙子、石子混合而成的水泥。这样一来，能够承受战车等重型车辆通过的坚硬道路就成型了。在铺

古罗马广场：位于曾经空前繁华的古罗马帝国中心。

完前两层后，第三层由大量的石块组成弓形结构，第四层则是用大而平整的石头填充缝隙，以便平整路面。

为了便于行军，在没有战争发生时工兵队会提前修筑道路。学者认为，这既是为了方便军队前往目的地，也是为了让士兵有事可做，从而无暇谋反。

罗马大道还是各行省向罗马运输贡品的道路，而商人的往来使其更加活跃，担负起贸易路线的作用。通过罗马大道，非洲的象牙，阿拉伯的沉香，印度的胡椒等调料、宝石和棉织物，中国的生丝、丝绸制品均被运往罗马。同时，罗马的葡萄酒，伊比利亚半岛上的铅、锡，埃及的亚麻布，地中海的珊瑚等特产也向外出口。再

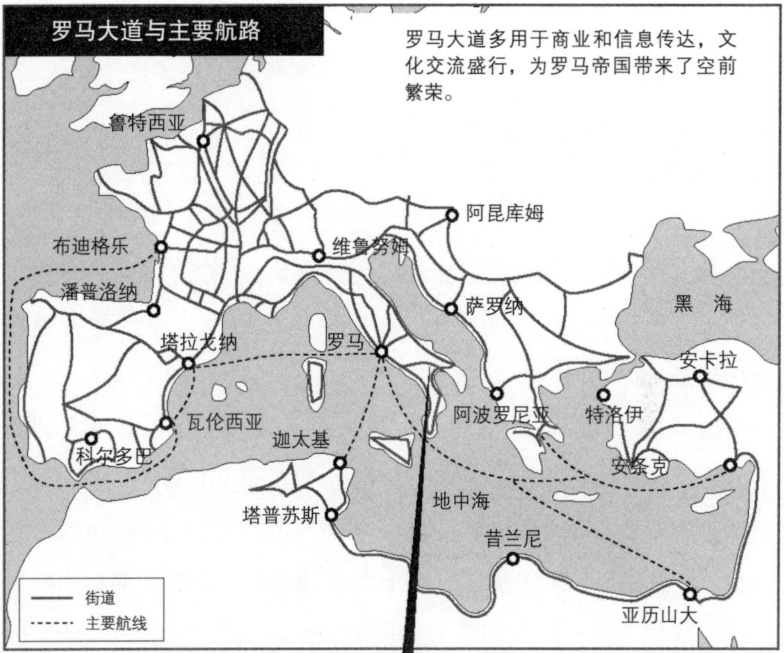

罗马的主要街道之一，“亚壁古道”。

加上世界各地的人汇集罗马，信息交流愈加频繁。普遍认为，这种信息交流机制是罗马能够长期统治其广大疆域的原因之一。

高价丝绸的运输招致衰退

罗马虽以繁荣著称，但随着周边民族势力的兴起，罗马迎来了衰退期。为了统治广袤的领土，就必须持续监视各地并维持镇压反抗所需的军力。

也就是说，罗马政府需要供养大批人马，这是一笔巨大的开销。在罗马的疆域不断扩张时，新行省不断设立，罗马从中获得了巨额财富。可当帝国的疆域开始萎缩，行省上交的税收和贡品不断减少。不仅如此，罗马人还沉溺于奢侈逸乐，对中国丝绸制品的喜好尤为加速了罗马财富的流失。中国严格保护丝绸的制作方法，因此丝绸的价值非常高，据说等同于黄金。罗马对丝绸的追捧使得黄金大量流出，给国家的财源造成压力。

为攻占并管理广大疆域而建造的罗马大道将罗马引向繁荣，然而讽刺的是，它同时也将罗马引向衰退。

保罗的宣教之旅

罗马帝国时代，巴勒斯坦地区诞生了新的宗教，在席卷罗马后深刻影响了其后的社会与历史。这一宗教后被称为“基督教”，发端于保罗在欧洲踏出的第一步。

基督教的发展与“迫害者”保罗

犹太教因遵守严格的戒律而出名，而且犹太人有选民思想，认为自己是被神选中的民族。从犹太教衍生出的一派将救赎的对象扩展到全世界的人类，这就是基督教。基督教公认的创始者是耶稣。实际上，耶稣或许更像是一个“犹太教的改革者”。据传说，耶稣出生于公元前4世纪左右，30岁时他在约旦河畔受洗，历经40天断食后开始传教活动。

耶稣的主要改革有以下几点。

犹太教信徒有义务遵守严格的戒律，而无法遵守的人，比如病人等，就会被视为罪孽深重。同时，犹太教认为除犹太人以外的民族都是不洁的，这对其他民族而言无疑是一种侮辱，有时会招致犹太人受其他民族迫害。

相对于犹太教，耶稣则宣扬，即使是病人、罪人以及犹太人之外的人，只要坚定地信仰神就能得到救赎，传播救济弱者的教义。这使得基督教在贫困人群和被犹太社会迫害的人群中高速传播，耶稣被奉为“救世主”。

但是在虔诚的犹太教信徒眼中，耶稣的教义令人不快。他们坚信严守戒律才是正确的生存方式。除了犹太信徒的反对，当时统治犹太人的罗马总督也担心民众暴动，于是接受了犹太教信徒要处决耶稣的要求，将耶稣钉在十字架上。但耶稣在受刑三天后复活，在人间停留40天以教导弟子，之后便回到天堂。

犹太教信徒开始迫害失去领导者的基督教徒。其中积极行动的一人名叫扫罗，属于重视戒律的法利赛派。但有一天，他正准备加害基督教徒时，耶稣在他面前显灵，使他深切地感到耶稣才是真正的救世主。扫罗因此改信基督教，并改名为保罗。他正是让基督教发展为世界性宗教的保罗。

梵蒂冈圣保罗大教堂前的保罗雕像。

长达4000多公里的宣教之旅

保罗遵照耶稣的想法，想将基督教传播给更多人。因此他以安条克教会为基地，积极宣教。在保罗皈依基督教时，基督教还是以犹太教的戒律为前提，也就是说，此时的基督教只不过是犹太教的一派。但这些戒律很难强制让其他文化圈的人遵守。因此保罗从耶路撒冷教会领导者处获得许可，免去犹太教信徒行割礼（将男子阴茎包皮割去的仪式）义务，并将基督教的教义广泛传播。

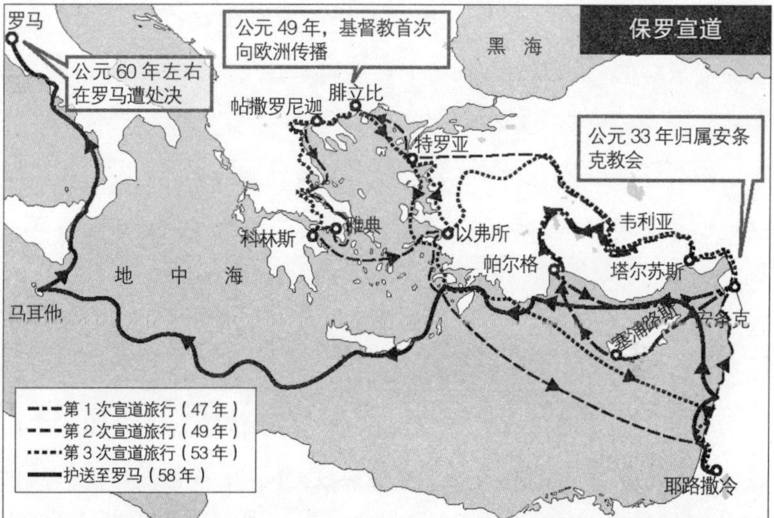

保罗通过三次宣道旅行，将基督教传播到小亚细亚和欧洲。将原本只是犹太教一派的基督教升华为世界性宗教。

保罗主要的宣教之旅有三次。

第一次是公元47年的前往小亚细亚之旅。保罗从安条克出发，途经塞浦路斯岛，在帕尔格（今土耳其）上岸，直至东北部的吕斯特拉和德尔贝。途中，保罗通过与魔术师巴耶稣进行公开讨论和展现治愈病人的奇迹而获得对方的信任，促使这一地区的人改信基督教。

第二次宣教之旅从小亚细亚继续往西，直至欧洲的马其顿。这便是基督教教义传播到欧洲的时刻。这次的路线与第一次不同，保罗取道陆路，经小亚细亚的德尔贝、吕斯特拉向西进发，至爱琴海沿岸地区的特罗亚。之后，渡海到达马其顿最大的城市腓立比，而后继续从腓立比出发，至希腊北部的商业城市帖撒罗尼迦。其后，保罗前往雅典，但雅典人笃信奥林匹斯诸神，热衷于研究重视理性的哲学。雅典人最初虽然愿意倾听保罗的布教，但都对基督复活的传说持怀疑态度。保罗后又前往商业都市科林斯，在那里停留了一年半便踏上归途。

第三次宣教之旅，保罗从小亚细亚的以弗所出发，再次前往科林斯，经过韦利亚、腓立比、特罗亚等地回到耶路撒冷。可这次宣教之旅后，愤怒的犹太教徒将保罗逮捕。他利用自身的罗马公民权提出到罗马进行审判，并带着宣教的意志远渡罗马。在进行了数年宣道之后便杳无音信。据说，他受到迫害而被处决。

至此，使基督教成为世界性宗教，将它传播到欧洲的伟大传教者保罗的传教旅程落下帷幕。如果没有保罗，基督教可能只是犹太教的一派。保罗的宣教之旅，行程达4000公里，其间教义也发生了变化，开始向世界性宗教演变。

佛教传播之路

保罗的传教之旅，使基督教在欧洲得到广泛传播，而亚洲广泛传播的则是佛教。这是其创始人释迦牟尼（佛陀）、其弟子以及信仰佛教的僧侣积极传教的结果。

经过数个世纪的传播，佛教从印度传到中亚、东南亚、东亚以及日本，其传播路线究竟是怎样的呢？

佛陀在印度北部巡游并开悟

佛教创始人是出生于公元前5世纪的古印度迦毗族王子乔达摩·悉达多。他在35岁时开悟，悟出了能脱离世间一切苦难的真理，因此被人们称为觉者（开悟之人），也就是佛陀。直到80岁圆寂，佛陀一直在印度北部的恒河中游说法。其弟子继承了他的教诲，将之整理为早期佛经。

当佛教徒第二次集会时，围绕着如何解释戒律，佛教分裂为两派：大众部和上座部。此后两派继续分裂，大众部分为九派，上座部则分为十一派，统称为部派佛教。之后，部派佛教终日埋头于修行悟道与研究教义，公元元年前后，诞生了与部派佛教相对的大乘佛教。

佛教传播的两条路线

僧侣的苦行之旅将拥有多个宗派的佛教传播到印度全境以及印度境外。佛教的传播路线大体可分为两条，分别是前往东南亚方向的“南传路线”，以及从中亚传向中国、日本的“北传路线”。

南传路线发端于公元前4世纪末，兴起于印度北部的孔雀王朝。公元前3世纪，孔雀王朝的阿育王征服了羯陵伽，成为印度北部和中部的统治者，以此为契机，佛教得到了阿育王的保护。而随着佛经编撰的推进，僧侣被派往印度各地以协助传教活动。最后，佛教不仅传播到印度全境，同时进入斯里兰卡。

公元5世纪，佛教开始向东南亚传播。以印度和斯里兰卡为入口，佛教进入东南亚，传播到缅甸、泰国、柬埔寨、老挝等国家。当时，与大乘佛教一起到达东南亚的，还有来自印度和斯里兰卡的众多信徒。进入中世纪，缅甸蒲甘王朝的阿奴律陀王、泰国素可泰王朝的玛哈·探玛拉差一世，分别于公元11世纪和公元13世纪公开承认上座部佛教，佛教因此成为统治者选定的宗教。这样一来，东南亚地区纷纷摒弃了大乘佛教，而上座部佛教大量普及。上座部佛教的特点在于像佛陀一样靠自身的修行而开悟，教徒也要精进修行追求自身的开悟。

北传路线则开始于公元2世纪。孔雀王朝灭亡后，贵霜王朝兴起。公元2世纪继位的迦腻色伽王庇护了佛教。这一时期，佛教学者龙树推进大乘佛教的系统化以及教义的深化。上座部佛教强调修行者自身的修行，而大乘佛教的特征则在于加入“普度众生”这一目的。“大乘”一词含有“（所有人都能乘坐的）很大的车乘”之意。此外，由于大乘佛教崇拜佛像，因此各地纷纷兴建佛像。其中富有代表性的就是印度北方犍陀罗风格的佛像。其受希腊文化影响较多，佛像的脸部也更像西方人。

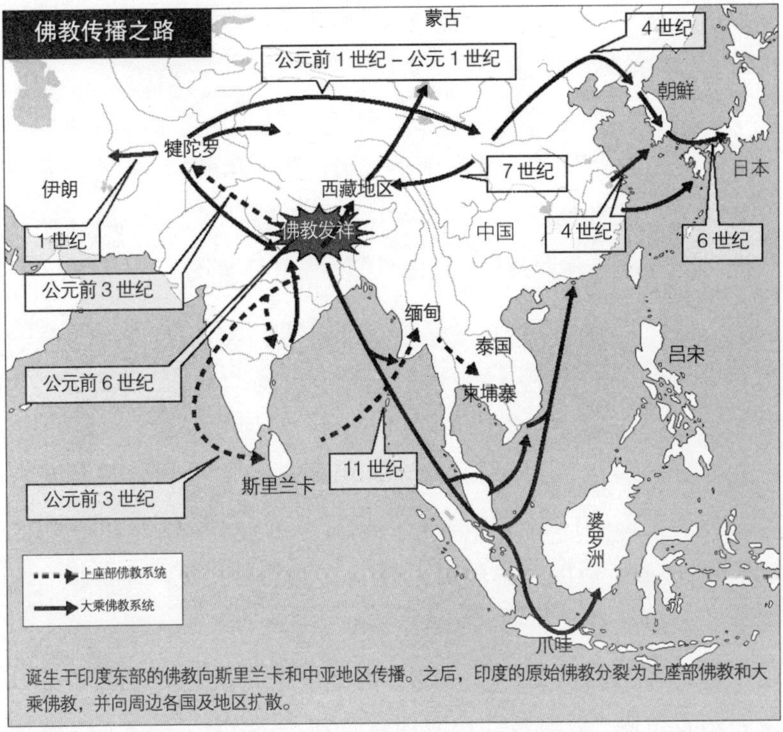

诞生于印度东部的佛教向斯里兰卡和中亚地区传播。之后，印度的原始佛教分裂为上座部佛教和大乘佛教，并向周边各国及地区扩散。

大乘佛教通过丝绸之路的贸易被商人所接受。对商人来说，信仰、修行并不是为了获得解脱，而是祈求旅途安全和财富等直接的救助、保护以及个人利益。商人的需求与大乘佛教相符，因此在贸易路线的沿线，商人出资不断兴建寺庙。大乘佛教也通过丝绸之路，从印度传播到中亚、中国、朝鲜、蒙古并经朝鲜半岛远渡日本。

通过南北两条路线，佛教传播到亚洲的各个角落。

丝绸之路

丝绸之路是佛教传至东亚的媒介。事实表明，丝绸之路并非单纯运输货物的路线，它还发挥着连接中国、印度等东方国家与欧洲大陆各地蓬勃发展的“文化圈”作用。

东西方贸易之路的诞生

“丝绸之路”这一名称来自德国地理学家里希特霍芬在其1877年所著的《中国》中所使用的德语单词“Eidenstrasse（绢之路）”的英译。他提出的丝绸之路共有两条：一条从唐朝的都城长安到中亚的撒马尔罕（今乌兹别克斯坦），另一条则经楼兰至巴尔赫（今阿富汗北部）。丝绸之路现在的定义与里希特霍芬提出的稍有不同，指的是连接亚洲和欧洲（包括北非地区）道路的总称。

这条路之所以被冠以“丝绸”之名，是因为当时原产于中国的丝绸非常珍贵，是东西方交流路线上最为重要的商品。最具代表性的路线主要有“绿洲丝绸之路”“草原丝绸之路”“海上丝绸之路”这三条，而在这些路线出现前，中国与中亚地区已有往来的路线。这条路也被称为“前丝绸之路”。这条路线的开拓者，便是中国西汉时期的张骞。

公元前2世纪，受游牧民族匈奴侵略困扰的汉武帝，希望同西域的大月氏联手夹击匈奴。为了缔结同盟，汉朝派张骞出使西域。然而，张骞却在出使途中被匈奴俘虏。张骞被匈奴囚禁了10年却始终没有忘记自己的任务，寻机逃出匈奴后，为完成使命，张骞继续向大月氏国前进。尽管张骞并未完成与大月氏国结盟的任务，但回到中国后，他向汉武帝禀报西域的汗血马（被认为是阿拉伯马纯种马的原型）和稻米、小麦、葡萄等资源非常丰富，而中国出产的丝绸和竹子在那里具有很高的价值。听完禀报后，汉武帝认为这是将西域纳入统治的好办法，决定西征。绿洲丝绸之路的原型就这样形成。

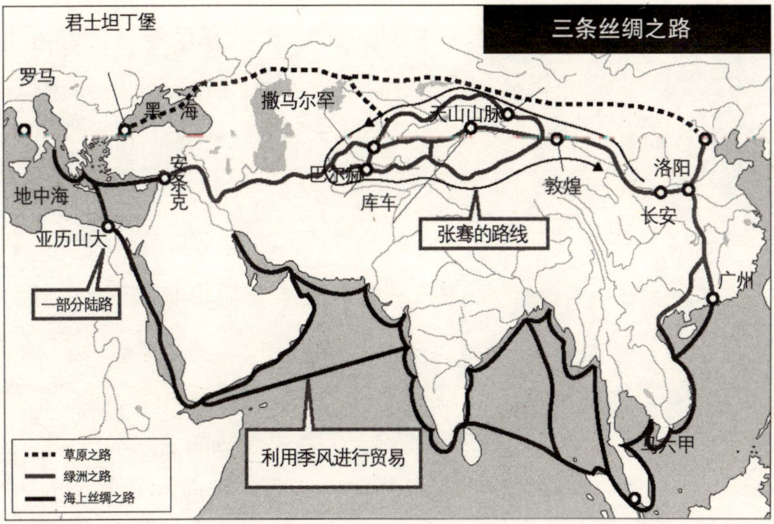

因丝绸贸易而得名丝绸之路主要指中央的绿洲之路，但东西方同时还存在经草原地区和海上的贸易路线。

丝绸之路的三条路线中，最负盛名的就是“绿洲丝绸之路”。

“绿洲丝绸之路”以汉武帝开辟的“通往西域之路”为基础，将各处绿洲连接。从长安出发经过甘肃地区的绿洲，到达敦煌后，路线又分出三条分支，分别是西域北道、西域南道、天山北路。其中最为古老的便是西域南道，它自敦煌起，沿阿尔泰山脉和昆仑山脉北麓，穿过塔克拉玛干沙漠南部的绿洲，最后到达帕米尔高原。天山北路则是自敦煌起，经过吐鲁番，最后到达乌鲁木齐、伊犁河流域。还有自敦煌起途经楼兰，沿着天山山脉南路直至库车的西域北道，到公元4世纪前半期一直被当作主要商路。

三条路线在巴尔赫和撒马尔罕交会，继续向西直到叙利亚的

丝绸之路上的要塞——敦煌。它同时还是佛经汉译的重地，成为东西方交流的重要舞台。

安条克，并从拜占庭帝国首都君士坦丁堡（今伊斯坦布尔）经海路与罗马相连。丝绸之路的东侧不仅连着长安，还通往洛阳，还有人认为通往日本。西侧尚无清晰的定义，有安条克、罗马等不同说法。

尽管人们认为，“绿洲之路”在公元前1世纪便已存在，但东西方的商旅活动变得频繁则是公元5世纪之后。行进于绿洲丝绸之路上的，通常是商队。商队指的是用骆驼等动物运输货物的商人集团，规模从十几人到数百人不等。商人辗转于沙漠中各处绿洲，十分艰苦，还经常在途中遭遇盗匪的袭击。因此，以团体为单位比较安全。

比“丝绸绿洲之路”更偏北的是“草原丝绸之路”。这条路穿过欧亚大陆的草原地带（蒙古与哈萨克斯坦的草原地带），有文献可循的历史比“丝绸绿洲之路”更古老。它经过准噶尔盆地与哈萨克高原到达黑海。使用这条路线的是斯基泰人、匈奴人、丁零人、东湖人等马上民族。古希腊人通过斯基泰人购买貂皮的文字记载留存至今。可以说，“草原丝绸之路”是一条只有极其了解草原的马上民族才能够运用的路线。

出现最晚的路线是“海上丝绸之路”。这条路线从中国南部的温州、泉州、广州等地出发，经中南半岛、苏门答腊、马里、印度洋、阿拉伯海，最后到达红海。但当时航海技术尚未成熟，“海上丝绸之路”是危险性最高的一条路，各个贸易圈相对独立。

公元前2世纪，罗马皇帝马可·奥勒留的使者通过“海上丝绸之路”，在中国的日南郡登陆（今越南中部地区），但此类交流事件为数不多。公元8世纪后，阿拉伯商人为丝绸制品积极前往中国，

伊斯坦布尔：与丝绸之路相接，被喻为东西方文明的交会点。

终于建立起联系，“海上丝绸之路”成为东西方交易的主要路线。

海上路线十分适合运输大量的货物，随着造船与航海技术的进步，这条路线的利用程度越来越高。这条航路在大航海时代前，就在促进东西方文化的融合。

第二章　文明交流之路

——追寻改变中世纪的十二条路

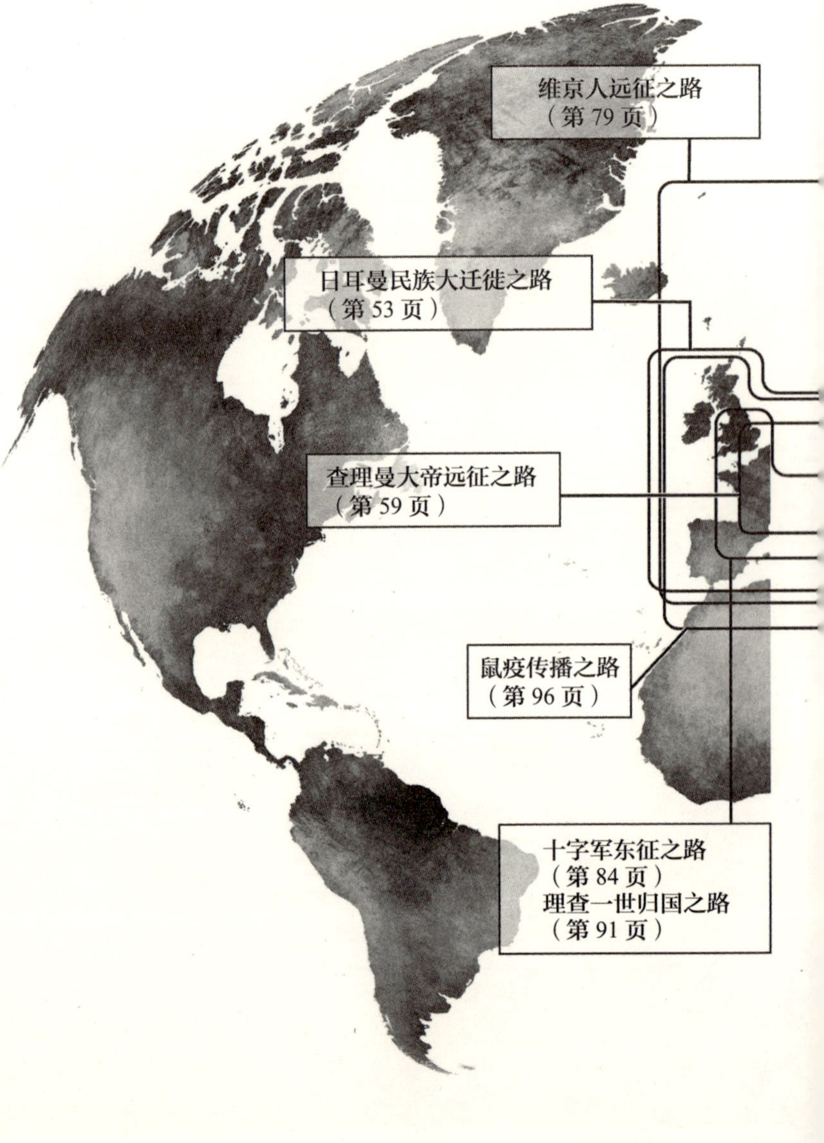

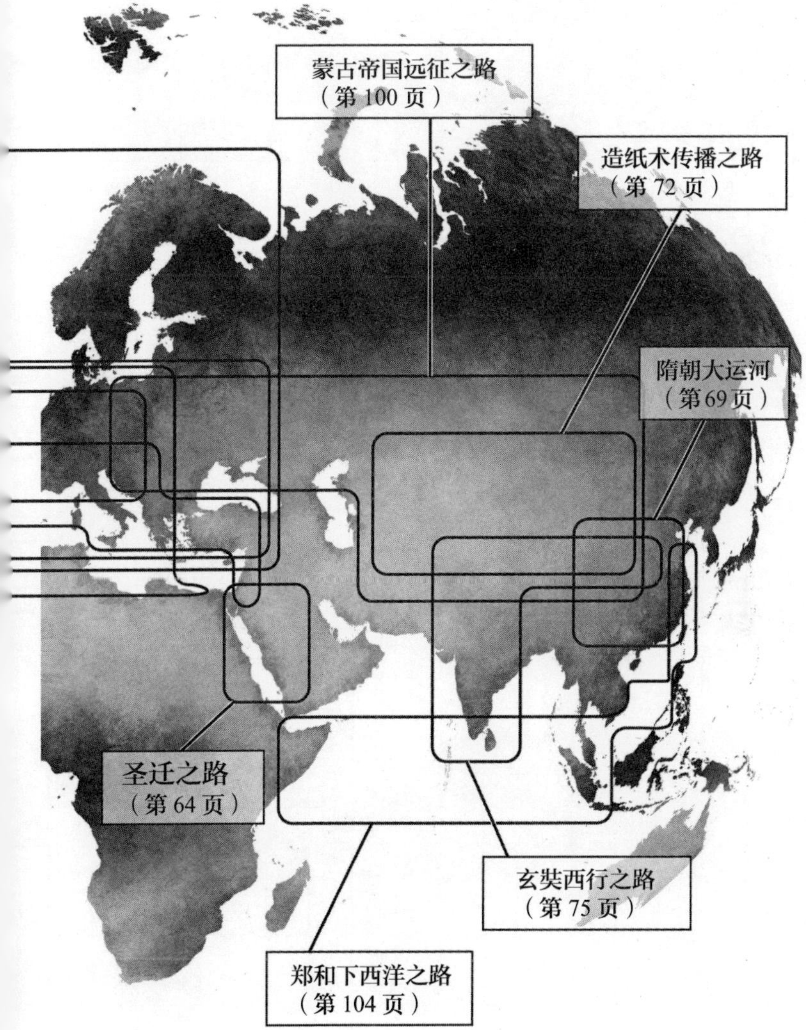

蒙古帝国远征之路
（第 100 页）
造纸术传播之路
（第 72 页）
隋朝大运河
（第 69 页）
圣迁之路
（第 64 页）
玄奘西行之路
（第 75 页）
郑和下西洋之路
（第 104 页）

年　代	历史事件
589 年	西哥特王国承认天主教。
605 年	隋炀帝下令开凿大运河。
610 年	穆罕默德创立伊斯兰教。
618 年	唐朝统一中国。
622 年	穆罕默德从麦加移居麦地那。（圣迁）
645 年	玄奘从印度返回唐朝。唐太宗命其撰写游记。
661 年	第四任正统哈里发阿里遭暗杀，穆阿威叶创建倭马亚王朝。
690 年	唐高宗皇后武则天即皇帝位，改国号为周。
711 年	西哥特王国被倭马亚王朝灭亡。
726 年	拜占庭帝国皇帝利奥三世颁布禁止崇拜圣像的法令。
732 年	法兰克王国宫相查理·马特于图尔－普瓦提埃地区的战役中击败倭马亚王朝军队。
751 年	唐朝将军高仙芝远征中亚，于怛罗斯河畔败于阿拔斯王朝军队。
	法兰克王国进入加洛林王朝。
756 年	法兰克王国丕平三世将拉文纳地区进献给罗马教皇。
786 年	哈伦·拉希德成为哈里发，阿拔斯王朝达到全盛期。
793 年	诺曼人袭击林迪斯法恩。
800 年	法兰克国王查理曼加冕西罗马皇帝。（查理曼加冕）
907 年	朱全忠灭亡唐朝，建立后梁。之后中国进入五代十国时期。

1453年	英法百年战争结束。
	奥斯曼土耳其贡献君士坦丁堡，拜占庭帝国灭亡。
1405年	中国明朝的郑和第一次下西洋（到1433年为止共7次）。
1402年	帖木儿于安卡拉战役大破奥斯曼帝国，俘虏其苏丹巴耶塞特一世。
1399年	明朝燕王朱棣起兵（靖难之役）。
1389年	奥斯曼帝国在科索沃战役中战胜萨尔维亚-波斯尼亚-瓦拉几亚联军。
1368年	朱元璋建立明朝，定都南京。
1346年	欧洲中世纪大瘟疫开始肆虐。
1337年	英法百年战争开始。
1206年	成吉思汗统一蒙古。
1192年	理查一世在结束十字军东征的归途中被扣留。
1187年	萨拉丁夺回耶路撒冷。
1154年	法国安茹公爵亨利二世即位英格兰国王。
1099年	第一次十字军东征攻陷耶路撒冷并建国。
1077年	德皇亨利四世在卡诺莎乞求教皇格列高利七世宽恕（史称卡诺莎之辱）。
1066年	诺曼底公爵威廉一世在黑斯廷斯战役中获胜。
987年	西法兰克王国的加洛林王朝灭亡，雨果·卡佩建立卡佩王朝。
962年	奥托一世被罗马教皇加冕为皇帝，神圣罗马帝国建立。
960年	中国赵匡胤建立宋朝。
911年	北欧海盗首领罗洛被封为诺曼底公爵。

日耳曼民族大迁徙之路

布匿战争结束后，统治地中海世界600年之久的罗马帝国终于迎来了末日。公元375年，西哥特人入侵罗马，以此为契机而开始的“民族大迁徙”不仅灭亡了西罗马帝国，还使西欧进入日耳曼民族国家林立的状态。如此一来，罗马完成了它的历史使命，欧洲历史进入中世纪。

“神秘的游牧民族”——匈人来袭

日耳曼民族是公元前1000年左右，在斯堪的纳维亚半岛南部、日德兰半岛和北德意志地区生活的人的统称。日耳曼民族由王和多名酋长统领大小数十个部族，由罗马授予其公民权。日耳曼人靠农耕和畜牧业谋生，随着人口增加，他们为了获得更多的土地便向南扩张，压迫原住民凯尔特人。

公元元年前后，日耳曼人的栖息地已经扩大到莱茵河右岸、多瑙河流域及黑海北岸；到公元前1世纪中期，日耳曼人的势力已扩张到高卢地区，也就是现在法国所在的位置。在生存地与罗马帝国接壤后，日耳曼人以佣兵或奴隶的身份，逐渐融入罗马社会。

此时，匈人突然登上了欧洲的历史舞台。匈人作为马背上的游牧民族，其真实身份至今仍是一个谜。现在较为有力的一种观点是：公元前5世纪到3世纪，北亚的一股强大势力——匈奴因为内乱而分裂，其中向西迁移的一支与其他民族混血，匈人就此诞生并联合。公元4世纪，匈人出没于中亚到俄罗斯南部伏尔加河流域的广大区域，渡过顿河与第聂伯河向西进发。日耳曼人首先与匈人接触并受到其很大影响。居住在黑海北岸的东哥特族首当其冲，于公元375年被匈人征服。

描绘匈人的版画（阿方斯·玛丽·阿道夫·德·纽维尔绘）

这一事件直接导致西欧陷入混乱。

民族大迁徙破坏西欧秩序

匈人以多瑙河流域为中心建立起庞大的帝国。受其势力影响，居住在多瑙河北岸与东哥特族相邻的西哥特族率先开始南下，并在公元376年渡过多瑙河，进入罗马帝国境内以寻求庇护。

罗马帝国以承担军事义务的条件允许日耳曼人定居并承认其自治权，可是日耳曼人的涌入导致罗马出现了住房不足及粮食短缺的问题，西哥特人与罗马人间的矛盾一触即发。而罗马帝国为了维持广大的疆域业已达到极限，公元359年，遵照皇帝迪奥多西一世的遗嘱，罗马分裂为两部分：以君士坦丁堡为首都的东罗马帝国（拜占庭帝国），以拉文纳为首都的西罗马帝国。

在帝国北部的防备松弛后，定居在现在保加利亚地区的西哥特人以及其他日耳曼民族也陆续开始入侵西罗马帝国的领土。居住在日德兰半岛的盎格鲁人与撒克逊人迁往英国；居住在莱茵河右岸的法兰克人渡河向西进发；波罗的海南岸的汪达尔人横穿高卢迁移至伊比利亚半岛。日耳曼各部族的王不断蚕食日渐衰微的西罗马帝国领土，在兼任西罗马帝国总督的同时建立了有其独立法律的“国中之国”。

西哥特人趁罗马统治衰微向地中海沿岸地区转移，从意大利半岛出发前往伊比利亚半岛。公元418年，西哥特人建国，其疆域

西哥特王国首都托莱多，位于伊比利亚半岛中部。

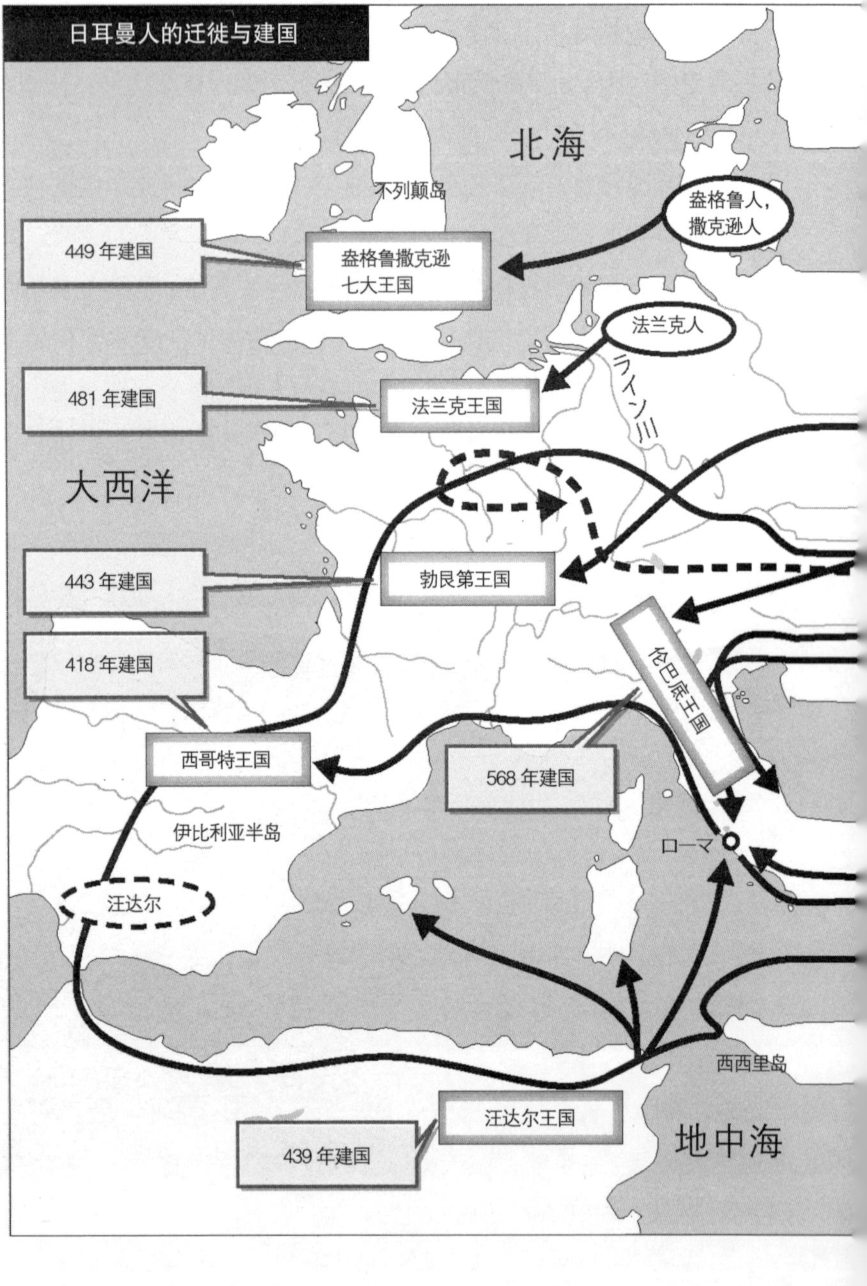
日耳曼人的迁徙与建国
北海
不列颠岛
盎格鲁人，
撒克逊人
449 年建国
盎格鲁撒克逊
七大王国
法兰克人
ライン川
481 年建国
法兰克王国
大西洋
443 年建国
勃艮第王国
418 年建国
伦巴底王国
西哥特王国
568 年建国
伊比利亚半岛
ローマ
汪达尔
西西里岛
汪达尔王国
439 年建国
地中海

因匈人西征而遭到压迫的日耳曼人向西欧各地移动。他们深入西罗马帝国境内，建立了独立的国家，使得西罗马帝国日渐衰微。

从现西班牙一直延伸到现法国西南部蓝色海岸一带。原本位于伊比利亚半岛的汪达尔-阿兰王国受西哥特人建国的压力远渡北非，其国王盖萨里克于公元439年建立的国家占据了迦太基，该地被称为“罗马粮仓”，十分富庶。

公元449年，盎克鲁人和撒克逊人入侵不列颠，征服了原住民凯尔特人，按照部族将他们分成七个部分各自建国。如此一来，日耳曼人不仅入侵了罗马的领土，还在其中自由驰骋以寻求最宜居之处。西罗马帝国因国内日耳曼各民族的迁徙而分崩离析。公元476年，日耳曼人雇佣兵领袖奥多亚克罢黜西罗马帝国皇帝罗慕路斯二世，西罗马帝国最终灭亡。日耳曼各民族建立的国家转而效忠东罗马帝国，但之后各地兴起的日耳曼民族建国之势却愈演愈烈。

公元481年，法兰克人在高卢建国，而匈人的王国分崩离析后，原本依附于匈人并移居潘诺尼亚的东哥特人也迎来了建国的机会。狄奥多里克大帝击败篡夺帝位的奥多亚克，于公元493年定都原西罗马帝国首都拉文纳，在意大利建立起东哥特人的国家。日耳曼民族一系列的大迁徙与建国导致西罗马帝国灭亡，帝国境内的道路网也变得支离破碎。

在此后的数个世纪，罗马的城市陷入孤立，帝国曾经的繁荣气象荡然无存。而日耳曼民族的风俗扎根欧洲社会，逐渐构成封建社会的基础。民族大迁徙之路也是欧洲中世纪的揭幕之路。

查理曼大帝远征之路

虽然旧西罗马帝国分裂出许多日耳曼人国家，但其中大多数都没有延续太久。公元5世纪中期，勃艮第王国和汪达尔王国消失；公元6世纪中期，日耳曼国家中最为繁荣的东哥特王国灭亡；公元711年，西哥特帝国被伊斯兰势力灭亡。

最终，只有法兰克王国得以延续。而法兰克王国的统治者——查理曼大帝的远征之路奠定了欧洲世界的雏形。

法兰克王国发展的缘由

法兰克王国之所以能够延续，教科书往往将其归功于改信天主教。法兰克王国的建立者——墨洛温家族的克洛维一世于公元496年改信正统教义的阿塔纳西乌斯教派。

虽然之前已有部分日耳曼部族改信基督教，但他们所信仰的是阿里乌教派，其在公元325年的尼西亚会议上被定为异端。通过改信天主教，身为征服者的法兰克人同天主教会和旧罗马居民建立了良好关系。法兰克人和其他日耳曼民族还有一处巨大的不同，那就是民族迁徙的距离。法兰克人原本居住在莱茵河的右岸，在大迁徙时渡过莱茵河向高卢进发，但与其他民族相比，其迁徙距离相当短。东哥特人从黑海北部移动到意大利半岛，汪达尔人从拉贝河右岸经伊比利亚半岛，横渡地中海到达北非。与他们相比，法兰克人迁徙距离之短更为明显。同时，法兰克人没有放弃他们原本的住地，只是将居住范围从德意志扩展到法国地区。离开故土的日耳曼民族为了生存不断夺取其他民族的土地，不难想象他们会逐渐失势。但法兰克人从未离开故土，也就避免了势力衰退的问题。

在这种体制下，法兰克王国通过世代交替、不断分封国家，王室的墨洛温家族衰微后由宫相代掌实权。其中，加洛林家族的查理·马特担任了包含所有分国在内的法兰克王国宫相，顿时坐拥军功和权势。公元732年，伊斯兰势力征服了伊比利亚半岛，翻越比利牛斯山脉入侵法兰克王国。查理·马特率军在法国西部的普瓦提埃战役中战胜伊斯兰军队，从而名声大振。

伫立在查理曼大帝所修建的宫殿原址的亚琛大教堂，其中收藏着查理曼大帝的遗物。

伊斯兰势力退回到比利牛斯山脉以南，意味着查理·马特保卫了基督教世界。因此在公元751年，罗马教皇承认了其功绩，而查理·马特之子丕平（Pepin）创立了加洛林王朝。

查理曼大帝席卷西欧

丕平所创立的新王朝，其后继者便是被称为查理曼大帝的查理曼一世。

墨洛温王朝时期，法兰克王国疆域扩大，东至莱茵河流域，西至比利牛斯山脉，囊括了高卢全境。但查理曼大帝对此并不满足，从公元771年开始，他怀着建立日耳曼民族大一统国家的野心，数次发动远征。

公元773年，卡尔大帝向位于意大利中部的邻国——伦巴底王国发动进攻。远征军穿过意大利半岛根部的阿尔卑斯小道，抵达了位于米兰南部的伦巴底首都帕维亚。见伦巴底国王狄西德里乌斯坚守不出，查理曼大帝决心对其长期围困。看到法兰克人第二年在罗马从容地欢度复活节，狄西德里乌斯决定投降。之后，查理曼大帝在帕德博恩建了离宫，开始向北进攻位于拉贝河与莱茵河之间的撒克逊人栖息地。战争从公元772年持续到公元804年，最终法兰克王国获胜并占领了该地区。

在进攻撒克逊人的同时，查理曼大帝还在其他战线上发动了远征。

公元777年，为了从伊斯兰国家——后倭马亚王朝手中夺回科尔多巴，查理曼大帝动员了规模庞大的军队。法兰克军队的主力翻越比利牛斯山脉，兵不血刃地占领了伊比利亚半岛东北部的潘普洛纳，之后向东迂回，兵锋直指其东南方向的萨拉戈萨。虽然主力成功与东线的查理曼军会师，法兰克军队却遭到萨拉戈萨总督阿里·侯赛因的坚决抵抗，查理曼大帝决定撤军。尽管远征伊比利亚以失败告终，但查理曼大帝以伊比利亚半岛东北部的巴塞罗那为中心设立了西班牙边区，以防备南方的伊斯兰势力。

奠定了法国、意大利、德国基础的查理曼大帝画像。右手的剑象征王权，左手的十字架代表基督教。由北方文艺复兴时期巨匠丢勒所绘。

公元787年，查理曼大帝进攻法兰克王国东南方向的巴伐利亚。尽管其统治者巴伐利亚大公塔西罗三世向查理曼大帝表示臣服，却仍然遭到囚禁，巴伐利亚也被法兰克王国吞并。而在东境，法兰克王国击败了入侵多瑙河流域的斯拉夫人以及来自亚洲的阿瓦尔人，扩张了其疆域。除伊比利亚半岛和意大利半岛南部，从中欧到西欧全境都已处于法兰克人的统治之下。

描绘中世纪欧洲的雏形

公元800年，拓展了法兰克王国版图的查理曼大帝作为西欧基督教的保护者，被罗马教皇加冕为西罗马皇帝。区别于东罗马帝国和伊斯兰世界，被称为中世纪的西欧就此诞生。查理曼大帝的远征至此告一段落。此后，他又投入文化事业，开始在亚琛兴建宫殿。

公元814年，查理曼大帝逝世，法兰克王国迅速解体。路德维希从查理曼大帝手中继承了法兰克王国，而其子嗣又对领土进行了再划分。根据公元843年签订的《凡尔登条约》，法兰克王国被分为中、东、西三个部分，而公元870年的《墨尔森条约》又对中法兰克王国领土进行了再分割，除意大利之外的地区被东法兰克王国和西法兰克王国吞并。这一时期对领土的划分逐渐形成了现在德国、法国、意大利疆域的雏形。

查理曼大帝东征西讨的远征之路，也可以称其为奠定欧洲基石之路。

圣迁之路

比利时的历史学家亨利·皮雷纳说过一句非常有名的话，“没有穆罕默德就没有查理曼（查理大帝）”，其含义是如果没有伊斯兰教，中世纪欧洲就不会出现封建体制。论断中出现的两位历史人物，一位是查理大帝，另一位则是伊斯兰教创始人穆罕默德。

伊斯兰教的创立，是穆罕默德迈向旅程的第一步。

受到安拉真主的启示

伊斯兰教产生于公元6世纪到7世纪的阿拉伯半岛。生活在阿拉伯半岛的阿拉伯人以游牧为生，勉强维持生计。但就在此时，他们的生活发生了变化。继承东罗马帝国血统的拜占庭帝国与波斯萨珊王朝交战，受此影响，由波斯湾北上进入幼发拉底河航路的贸易之路——“丝绸之路”开始衰败。东西方贸易在阿拉伯半岛西部开辟了一条新的航线。因此，阿拉伯人利用骆驼结队客商，即骆驼商队，通过东西贸易致富。

他们从红海经由阿拉伯半岛西岸汉志地区的城市麦加、绿洲上的叶斯里布城等，到达叙利亚。其中，麦加作为贸易路线上的中心城市十分繁荣。尽管麦加是一块四处环山的荒地，但它既是骆驼商队通行的“陆上贸易之路”，又是“海上贸易之路”的转运站，从中国经过马六甲海峡、印度洋，绕过阿拉伯半岛南部后，向北朝红海行进。这样一来，此地就汇聚了众多物资，阿拉伯人也靠中转贸易发家致富。

麦加城内有一座克尔白圣殿，里面祭祀着黑石，还一并祭祀着游牧民们各自所信奉的神的偶像。因此，该地作为宗教信仰之地也非常繁华，有许多参拜者前来参拜。

伊斯兰教的最大圣地——麦加的克尔白神殿。

公元570年左右，穆罕默德出生在麦加城古莱什氏族的哈希姆家族，其先祖曾守护麦加克尔白神殿。25岁时，穆罕默德经商取得成功。但他目睹阿拉伯社会巨大的贫富差距、严重的社会腐败，以及人们对多神教偶像的盲目崇拜，穆罕默德感觉到民族危机。穆罕默德40岁时，某日，他在麦加北郊努尔山山顶附近的希拉山洞潜修冥想，受到启示。此后，穆罕默德便以先知自居，来向人们传达全能造物主——安拉的旨意，去警示人们最后审判日的到来。

然而，在麦加这座敬奉克尔白神殿的宗教城市中，穆罕默德否定偶像崇拜的主张令人们难以接受。经过十年传教，伊斯兰教信徒也不过70人，除了他的家人和密友，全是女性、奴隶以及穷苦大众等社会最底层的人民。并且，因穆罕默德否定麦加统治阶层古莱氏族的统治权力而遭到迫害，也失去了其家族的保护。危险迫在眉睫，寻找新住所的穆罕默德对麦加北部350公里处的叶斯里布城的居民产生了兴趣。

叶斯里布城位于火山高原的一处广阔绿洲上，是因种植椰枣和五谷而农业兴盛的城市。但是，由于犹太人和阿拉伯人混居而导致的氏族斗争令人束手无策。在那里，穆罕默德被特选为调解人。

公元622年，穆罕默德因其与家人、信徒受古莱氏族的迫害而决定暂时避难。他们分批秘密地迁往麦地那。据说，平日大约9天的路程，穆罕默德为躲过敌人追捕绕远行进，历经22天的艰难险阻终于到达麦地那。

穆罕默德及其信徒的迁移成为其宗教团体发展的重大转折点，也是伊斯兰教史上最重要的事件。

这次伟大的迁移在教义上的含义是“断绝以往人际关系，建立全新人际关系”，被称为“圣迁（希吉莱[1]）”。因此，穆罕默德离开麦加之日就成为伊斯兰历史的起点，伊斯兰教把希吉莱之年，即公元622年定为伊斯兰教纪元元年。

伊斯兰教在新地点切实地成长起来。穆罕默德的教团将麦地那互相对立的阿拉伯人两大势力纳为信徒，并以保证沙漠游牧民

1　希吉莱，Hijrah，原阿拉伯语。

的安全为条件使他们从属教团，双方缔结盟约，由此伊斯兰教逐渐壮大。叶斯里布城成为伊斯兰教之城，其后更名为“麦地那”，意为“告知之城”。

公元630年，使教团在麦地那得到发展的穆罕默德带领一万军队，兵不血刃地夺取了麦加。其后，穆罕默德将克尔白神殿内的偶像全数捣毁，并确定了克尔白神殿和黑石在伊斯兰教信仰中的重要地位。

公元632年，穆罕默德整顿好阿拉伯半岛的体制后前往麦加朝觐，回到叶斯里布城不久就与世长辞。

穆罕默德去世后，他的密友艾布·伯克尔掌管伊斯兰教团体。先知穆罕默德迁徙麦地那时，艾布·伯克尔始终追随其左右。他被称为哈里发，意为穆罕默德的代理人（即继承人）。他任职虽仅有短短两年，却发动了“吉哈德圣战”远征，旨在实现阿拉伯游牧民的团结。其后，在拜占庭帝国和波斯萨珊帝国两大帝国势力削弱期间，艾布·伯克尔趁机征服了隶属波斯萨珊帝国统治下，位于幼发拉底河周边的伊拉克南部各部落，在与拜占庭军队的决战中获胜，成功征服了地中海东岸的叙利亚。

历经四大哈里发的继任，伊斯兰教团体走出阿拉伯半岛，从地中海沿岸向中亚扩展。在领土扩大期间，《古兰经》经整理问世，其信唯一的神安拉、信天使、信经典、信先知、信后世、信前定，念功、礼功、课功、斋功、朝功的“六信”“五功”，逐渐成为人们日常生活中的一部分。

但是，继第三代哈里发——奥斯曼之后，下一任哈里发的选举中发生了内讧，穆罕默德的亲缘阿里和奥斯曼的亲缘穆阿维叶形成对立。第四代哈里发阿里最终遭到刺杀，其后穆阿维叶创建伊斯兰的第一个王朝——倭马亚王朝。另外，阿里被刺杀后，其追随者势力并非完全消失了，阿里什叶派意为“阿里党派”，该派只承认阿里是穆罕默德所创立的伊斯兰教的合法继承人。时至今日，什叶派仍然存在，在其分裂后，仍与伊斯兰教及周围地区的历史紧密相关。

隋朝大运河

贸易之路的变化成为穆罕默德创立伊斯兰教的动力。公元6世纪，在这条贸易之路的东部也发生了一件重要的历史事件。隋朝的建立，结束了自公元3世纪魏蜀吴三国鼎立局面以来的长期分裂割据状态。

距西晋灭亡278年后，公元589年，大一统朝代隋朝建立。公元604年，隋朝开国皇帝隋文帝去世，其子隋炀帝杨广继承皇位。

隋炀帝在获得广阔的领土以及巨大的权力后，致力于“水上交通网”的整修。隋炀帝即位后的第二年，将公元605年修为大业元年。隋炀帝营建东都洛阳，并且在已成废墟的北魏大洛阳城及其以西15公里、被黄河支流洛水环绕的地点，修建雄伟壮观的显仁宫。同年，大运河开启第一次施工。历时半年，通济渠开通。其从洛阳东流至开封沿岸，再由黄河从东南方南下至淮河。通济渠经淮河东西航路流向扬州，进一步与江南相接。公元610年，江南河整修后向南延伸，从长江至太湖的旁边流过，与杭州钱塘江相接。

公元608年正月，开凿大运河开始第二次施工，永济渠南达开封附近的黄河，北通天津附近的涿郡。如此一来，受隋炀帝之命所修建的大运河将南北相连，再对自古以来修建的运河进行整修、改建，形成了长达1500多公里的水路网。并且，雄伟的大运河从流入黄河渭水开始，途中贯穿黄河、淮河、长江，到达杭州湾，宽度约60米。隋炀帝在运河两岸修建了40多座行宫。据说，隋炀帝带领华丽的船队，冬天在温暖的扬州度过，夏天就回到其政治管理中心的洛阳宫殿。

隋文帝认为长安是险要之地，但是又担忧长安的农业生产率低下，为保证物资在重要城市的流通，公元584年，隋文帝下令开凿广通渠，连接长安与黄河。然而，隋炀帝的运河开凿计划不仅远远超出了隋文帝的设想，还将当时的国力置之度外。

尽管如此，隋炀帝仍御驾亲征高句丽三次。公元611年，刚开通永济渠不久，隋炀帝就下诏征集天下物资、军队汇于涿郡。第二年，大军攻打高句丽，尽管隋军人数众多，但最终遭受重创。

这次战败给土木工程建设带来了经济上的负担，亦引起劳动人民的不满，隋朝开始发生农民起义。但是，大运河的开通使军事物资运输不再是难事。据此，隋炀帝没有听取百姓的意见，在第二年、第四年接连发动第二次、第三次远征高句丽战争。三征高句丽的失败使隋炀帝迅速丧失民心。

终于，全国各地相继爆发农民武装起义。令人感到讽刺的是，隋炀帝开凿的大运河成了各地叛军获取信息的媒介。隋炀帝的军队也无法完全镇压大规模的叛军，仅仅能打击一些弱小的起义军。该消息一经传出，许多小规模起义军纷纷投靠大规模起义军，助长了起义军规模的壮大。

从此，隋炀帝一蹶不振。公元618年，他在几千美女簇拥下，在极尽奢华的扬州某楼阁中沉迷酒色之时，被自己的关中卫士缢弑。

古运河今景。

但是，大运河并不是只为给皇帝游乐而开凿的。其开通使得船舶在长安与扬州间运输往来，形成了物流的主要干线，带动了各地的物产贸易兴盛。其后，封建中国高温湿润、绿意盎然的淮河以南的长江流域所生产的物资，仍依靠该运河持续运往北方。另外，镇压了周围各民族后，各国的使者来往络绎不绝，物资随同人们一起流入中国。文物经连接东西方的“陆上丝绸之路”传入中国后，通过大运河就可以便利地运输至京城。隋炀帝下令在洛阳开设的国际商品展览会，受到西方商人乃至国家层面的欢迎。可以说，这是大运河开通带来的最大影响。

尽管大运河交通主干线的开凿与隋朝的灭亡息息相关，但它所开创的这条路线，让后来的历朝历代享受着巨大的便利。

造纸术传播之路

中国分裂了约300年后，隋朝实现了中国的大一统。但是，由于隋炀帝的残暴统治招致天下大乱，最终成为一个短命王朝，后由唐朝取而代之。

唐太宗李世民在位期间，唐朝迎来鼎盛时期，领土面积不断扩大。公元7世纪后半期，丝绸之路向西扩展，唐朝的势力范围扩大并与伊斯兰教势力相接触。两者之间的冲突产生了一条新的“文化之路”，给世界史带来了巨大的影响。

公元7世纪初期，唐朝将西域纳入势力范围，进而成长壮大为一个“帝国”。另外，欧亚大陆西边也发生了动乱。公元7世纪中期，阿拉伯半岛的阿拉伯人伊斯兰教势力灭亡了波斯萨珊帝国。截至8世纪初，阿拔斯王朝迅速发展壮大，其统治区域甚至远达唐朝统治地区。其结果就是中亚地区成为两大文化圈的缓冲地带，两国在此发生军事冲突。

公元750年，唐玄宗为平定中亚地区，派遣西域安西节度使高仙芝前往，这在后来成为两方交战的契机。高仙芝带领一万骑兵从喀什到达帕米尔高原，抓获了石国即塔什干的国王与王妃。撒马尔罕和布哈拉等粟特民族的小型国家出于对大唐的恐惧，向阿拔斯王朝寻求支援。

一方面，阿拔斯王朝收到求救信息后，派遣将军齐雅德·伊本·萨里率军出战；另一方面，高仙芝也出动八万军队迎战。公元751年，两者在天山山脉西北山脚下的费尔干纳地区——塔拉斯河畔的怛罗斯交战。结果，因为与唐朝结盟的中亚突厥人葛逻禄突然叛变，他们与阿拉伯军夹击唐军，导致高仙芝战败，只剩下数千人返回。

这次东西方两大势力的军事冲突虽然只是一场局部战争，但它不仅成为中亚“伊斯兰化”的契机，而且以意想不到的形态给世界史带来了巨大的影响。

“造纸术”经唐朝战俘传向伊斯兰世界

阿拔斯王朝所俘虏的唐朝战俘被带进撒马尔罕，这其中就有造纸工匠。正是这些无名工匠使世界史发生了巨大改变。

公元757年，阿拔斯王朝掌握了造纸术后，便在撒马尔罕城内建造了造纸厂。

早在公元1世纪时，东汉蔡伦改进造纸术，制出了品质优良的“蔡侯纸”。这种造纸法在较长时期内由中国垄断。当时，伊斯兰圈、西方做文字记录时使用的都是“羊皮纸”。羊皮纸一经水洗或纸面剐蹭后，文字就可能消失，容易被篡改。中国纸则不同，墨水渗入纸纤维后很难篡改。同时，造羊皮纸需要屠宰家畜，而造纸则不必。

造纸工匠是伊斯兰世界得到的出乎意料的“战利品”。

撒马尔罕习得了以波斯湾沿岸的特产亚麻纤维为原料的优质

造纸法。人们得以生产出大量物美价廉的纸，撒马尔罕所造的纸开始在伊斯兰帝国流通。

《一千零一夜》的故事中写到，阿拔斯王朝第五任哈里发哈伦·拉希德，于公元793年将造纸定为国营事业，在首都巴格达和大马士革设造纸工厂。其不仅在国内大规模生产，而且还出口国外。大马士革制纸经由拜占庭帝国的首都君士坦丁堡出口欧洲。那时，正值伊斯兰世界的扩张期。随着伊斯兰教文化圈的扩大、造纸工厂的建立，造纸技术得以传播到世界各地。

它主要有两条传播路径。

第一条是由北非向西传播。人们认为，公元10世纪造纸术传遍中东地区，经由公元10世纪后半期的埃及、公元12世纪初期的利比亚传播到摩洛哥的菲斯。然后在公元12世纪中叶登陆伊比利亚半岛，越过比利牛斯山脉，传播至法国、英国。据说公元1189年欧洲第一家造纸厂在法国埃罗建立。

第二条是从埃及跨越地中海，到达西西里岛后穿过意大利半岛，向北前进经过瑞士和荷兰传播至北欧地区。

公元15世纪，造纸术才在欧洲得以传播，落后于伊斯兰教圈几百年。后来，这一技术促进古腾堡发明“活字印刷术”。欧洲人以印刷革命为契机，赶超了手写的伊斯兰教文化。

唐代的战俘造纸工匠被敌人从塔拉斯河畔带到撒马尔罕之路，是“记录技术”传播的第一步，使世界历史发生了遽变。

玄奘西行之路

日本向唐朝派遣的留学生中有大量僧侣，由此可看出，当时唐朝是东亚世界的佛教“发达国家”。

西汉末年到东汉初期（公元1世纪初），佛教首次传入封建中国。十六国时期，出生于龟兹国的译经家鸠摩罗什将传入中国的300卷经书译成了汉语。以此为契机，由梵文译成汉语的经书普及开来。

然而，要将传说有数千本之多的经书带回并且翻译成汉语并非易事。随着佛经研究的深入，汉译经书和文献不全的问题逐步显露。随着佛教思想在渗透，一批僧侣前往佛教发祥地天竺（今印度）取经，并且进行翻译。

公元399年，东晋的法显从长安出发，越过塔克拉玛干沙漠、帕米尔高原到达北天竺。继而历访中天竺到达斯里兰卡，于公元413年携带《大般泥洹经》等经书回国。其后，他撰写了历游天竺的《佛国记》，向人们传达了珍贵的西域见闻。

玄奘违背皇帝禁令,偷渡西域取经

在唐代前往天竺求取经书的僧侣中，功绩最大的当属玄奘。

玄奘生于隋文帝时期，公元600年或公元602年出生在洛阳（今河南省），11岁时在东都洛阳净土寺出家。社会的动荡使佛教教义研究盛行。玄奘所探究的是深奥佛教思想之一，即唯识[1]。

公元626年，想要研究梵文原点的玄奘前去拜访长安的天竺僧，他得闻瑜伽学派精通唯识论的戒贤法师在那烂陀寺的讲课盛况，请愿西行求法。当时，唐朝禁止国人出境。公元629年，玄奘违背皇帝禁令偷渡西域。

玄奘访问的巴米扬。掌控阿富汗的塔利班政权破坏两尊石刻佛像崖，使巴米扬遭受严重损失。

途中，玄奘在凉州、高昌国停留数日后，越过塔克拉玛干沙漠北部，经过龟兹国渡过阿克苏河后，距西北还有300余里，面临着翻越海拔超过7000米、群山连绵的天山的挑战。玄奘耗时七日，走过险峻山路，翻越海拔超过4000米的别迭里山口，受到西突厥的援助后，终于从撒马尔罕到达巴米扬。

1　原为梵文，意为世界一切现象都是心识所变，心外无独立的客观存在。

玄奘口述的《大唐西域记》中，正确描述了巴米扬都城的特征，即“据崖跨谷”，并且描述了金光闪闪的大佛和长达千尺的涅槃佛像的威容。

玄奘虔诚参拜过巴米扬的杰出寺庙后所撰写的内容是中国文献中现存最古老的记录，它成为从中亚佛教文化繁盛期流传至今日的一级史料。

其后，玄奘历经三年旅程，目的地是恒河中流域的那烂陀寺。据说，在五年的西行生活中，玄奘在被尊称为“正法藏”的戒贤法师身边埋头研究。公元636年，玄奘启程去西印度巡礼佛教遗迹。玄奘离开那烂陀寺后先沿着恒河向东行进，继而沿孟加拉湾南下，经过印度半岛南部的甘吉布勒姆，绕行印度半岛西部，最后重返那烂陀寺。

玄奘曾去往的那烂陀寺遗址。

公元640年，在各地学习了天文和地理知识的玄奘重返那烂陀寺。此时，戒贤嘱托玄奘为那烂陀寺僧众开讲《摄论》等唯识抉择论。这也证明了玄奘被认定为佛学的顶尖学者。

实现了寻求佛道目的的玄奘在征得恩师同意下，与戒日王会晤后归国。

玄奘带着大量佛典启程回国，途中由天山南路向东行进，经过和田向东进入塔克拉玛干沙漠南侧。公元645年，玄奘归国。

这时，唐朝已经撤销国人出国的禁令，保护佛教成为一项国策。于是，玄奘在唐太宗的庇护下从事翻译事业。其后历经20年，玄奘完成了《大般若经》600卷等许多佛典的汉译。玄奘的西域之旅填补了之前佛典的空白，成为完善中国佛教的指引之路。

维京人远征之路

在东亚的唐朝迎来鼎盛时期之时，欧洲发生了第二次民族迁移的动乱。这是因为被称为维京人的诺曼人入侵欧洲，他们到处掠夺金银财宝和粮食，不断杀戮，令原住民日耳曼民族国家望而生畏。

维京人的入侵与掠夺之路，使中世纪欧洲社会发生了巨大变化。

日耳曼人北方部族的“维京人”

后世被称为维京人的诺曼人，以斯堪的纳维亚半岛和日德兰半岛为原住地，属于北日耳曼民族的一支，分为挪威人、丹麦人、瑞典人三族。公元375年，日耳曼民族大迁移期间他们仍然留居原住地，依靠渔业勉强度日。在日耳曼诸国完成向基督教国家转变的时期，他们仍然保持着独立的社会伦理、信仰和文化。

公元8世纪末左右，日耳曼民族完成民族大迁移后，诺曼人在原住地建立起挪威、丹麦和瑞典三国；另外，为开展贸易，他们又走向世界各地。那时，诺曼人伴随劫掠的频繁活动引起人们的恐慌，“维京人”这一命名又有“海盗”之意，他们正是被如此认知的。

林迪斯法恩修道院遗址。公元 793 年，修道院遭劫后，维京人入侵欧洲。

为寻求贸易伙伴和移居，维京人进一步扩大了侵略范围。

他们的优势在于拥有高度灵活的“维京海盗船”。船体大约长20米，船头高、无甲板，船上装饰有龙头和野兽头以此来威慑敌人，多被涂成红色和绿色。如果16～20人划船，借助桨和船帆，船速可达10海里，无论远洋还是河川都可以无拘无束地自由行驶。维京人就是驾驶着这种船，入侵各个地区。

公元793年，维京人首次袭击欧陆，入侵了英格兰北部的林迪斯法恩圣岛修道院。公元795年，维京人掠夺赫布里底群岛，北海沿岸成为他们的侵略目标。此后长达一个半世纪，除英格兰外，维京人相继入侵了苏格兰、爱尔兰、法国等地。他们掠夺粮食和金银财宝，抓当地居民为奴。直至公元12世纪，维京人入侵欧洲各地。维京人攻掠欧洲分为东西两路，东路入侵俄国的是瑞典海盗，西路

维京人的维京海盗船，诺曼人驾驶这艘船入侵欧洲各地。

入侵西欧的是丹麦海盗，入侵爱尔兰、冰岛、格陵兰岛、北美的是挪威海盗。他们当中有许多海盗在获得领土后，成为当地领主。

公元862年，瑞典维京人建立的留里克王朝征服了斯拉夫民族，建立诺夫哥罗德公国。公元911年，西法兰克王查理三世将塞纳河下游地区封给诺曼人首领罗伦，建立诺曼底公国。公元1066年，诺曼底公国出身的诺曼底公爵威廉征服了英格兰，成为威廉一世。自此，英国开启诺曼底王朝的统治。另一支向地中海入侵的诺曼人军队，出兵占领了伊斯兰教势力范围下的西西里岛。公元12世纪，罗杰二世建立西西里王国。

维京人之所以如此积极地进行远征活动，一方面是因为土地和粮食匮乏，另一方面是因为人口增加的压力。他们大多数部落还实行长子继承制，而无法继承父母财产的次子为了谋生，就成为殖民者、商人、海盗，去寻求“新天地”。

据说，有一些极具冒险精神的维京人，在渡过大西洋后，又到达冰岛和格陵兰岛，有的人甚至踏上了北美地区。另外，还有一些团体不仅到达了耶路撒冷，还远渡黑海和里海。

维京人的长方形居所。

封建社会是由维京人带来的吗

维京人的威胁最终给欧洲社会带来了巨大的变革。

由于外敌入侵的危险已成为家常便饭，人们为了自我防卫，逐渐减少与外界积极的商业和交通运输往来，转变成以农业为中心自给自足的经济模式。这与后来的农业革命息息相关——铁制农具的出现以及三圃制的实施提高了农作物的产量。

维京人所带来的最大影响，是促进了封建制度的发展。

所谓封建制度，是以土地为纽带建立起的封建主与附庸之间的主从关系。封主和封臣形成契约关系，即封主保证封臣的土地、庄园以及身份地位；作为交换，封臣应当履行对封主的兵役义务。

为什么说这与维京人的侵略相关呢？这是因为在面对外敌侵略时，“当地的掌权者”的支援比身在远方的国王更加重要。恰巧那时，西法兰克王国王权衰弱，封主之间依靠由契约形成的主从关系来应对外敌侵略。在这种主从关系下，小规模地区的封主从属于势力较大的地区封主，地区封主从属于中央贵族，中央贵族又从属于国王。并且，如果家臣能够保证履行自己的职责，也可以与数个封主缔结契约，因此中世纪欧洲社会也存在着数层的主从关系。

有实力的封主身边聚集了众多家臣，以此坐拥大批骑士和大量土地，发展成为分国的封主“诸侯”。

如此一来，主从关系重重相叠，形成了欧洲的封建制度。

出现在北方未开化之地的维京人，也是改变了中世纪欧洲社会结构的关键人物。

十字军东征之路

经过维京人的一系列远征活动，欧洲确定了大致版图与其封建政体。维京人的远征活动在诺曼人建国的高潮中迎来了最后阶段，公元11世纪，欧洲兴起十字军东征运动。参加此次远征的有国王、诸侯以及众多领主，十字军东征成为封建制度瓦解的开端。

公元1095年，时任教皇的乌尔班二世在克勒芒宗教大会上，号召基督徒要进行东征收复耶路撒冷，这为组建十字军提供了契机。位于地中海东部沿岸的耶路撒冷对于基督教徒来说是重要的圣地，是耶稣受难、升天的地方。正因如此，伊斯兰教徒在将耶路撒冷编入领土后，仍以宽容的态度对待基督教徒的巡礼。但是，公元1071年，塞尔柱帝国以小亚细亚为据点不断扩充势力范围。塞尔柱帝国占领耶路撒冷后，该地的局势动荡，基督教徒的朝圣之路被切断。

在此情况下，拜占庭帝国向罗马教皇请求援助。

由于基督教徒巡礼者在耶路撒冷受到迫害的流言早已传播开来，因此乌尔班二世的上述呼吁受到了广泛支持。不过，在“收复圣地”这一冠冕堂皇的口号背后，以宗教信仰为掩饰，参与者各怀私心。

首当其冲的就是关于罗马教皇的问题。实际上，拜占庭帝国和

教皇乌尔班二世号召收复圣地的克勒芒宗教大会所在地——克莱蒙费朗。

天主教教廷围绕罗马教皇的存在问题曾长时间对立。自公元4世纪罗马帝国将基督教定为国教以来，罗马帝国皇帝兼任教皇，实行“皇帝教皇主义”。由于罗马帝国皇帝位于当时其首都君士坦丁堡，即使西罗马帝国崩毁，拜占庭皇帝仍作为“最高权力者”统治基督教世界。

公元5世纪，在西罗马帝国灭亡后作为五大总主教区之一的罗马总主教区，突然宣称拥有耶稣的大弟子彼得之墓，主张罗马具有特殊性，而其主教自任“耶稣门徒彼得的继承者”，自称罗马教皇。

此后，基督教东派教会与罗马天主教会正式分裂，在对立中迎来中世纪。因此，罗马教皇打算借这次东征来实现东方与西方教会的统一。

私欲驱使下参加远征的东征者

响应教皇号召的人也有自身的考量。自公元11世纪至13世纪，十字军远征共进行了七次，上至王侯贵族，下至平民百姓，大众踊跃参加。

然而，东征者们踏上远征之路的动机，并不仅仅是信仰使然，很大一部分是出自私欲。

国王和诸侯想要获得领地和战利品，进一步提升地位与权力；而骑士则是期望得到切实的报酬。封建制度下的欧洲实行“长子继承制”，长子之外的孩子因不能得到土地而必须外出寻求自己的领土。实际上，作战的骑士中次子居多，耶路撒冷的初代国王布永·戈弗雷就是其中之一。

如果能收复圣地，加入十字军的平民百姓不仅可以赦免其所有罪行，还可以清除其所有账务。人们在诸多条件利诱下对参军趋之若鹜，甚至连商人们提供资金也是为了扩大贸易。人们的出征热情中混杂着现实欲望与虔诚信仰，最终转向对异教徒的仇视，而“圣战”仅仅成为一个名号，引发了掠夺与大屠杀。

十字军登陆小亚细亚，不顾塞尔柱帝国尚未做好迎战准备，进城大肆掳掠，随意践踏领土。他们一鼓作气经过地中海沿岸到达耶路撒冷占领圣城，屠杀伊斯兰教徒和犹太教徒，多达七万名民众丧生。

自此，第一次十字军东征达成收复耶路撒冷的目标。公元1099年，耶路撒冷王国建立。另外，十字军所征服的地中海东岸地区推选骑士和诸侯任国王，建立起若干“十字军国家”。

在远征中获得巨大利益的各城市，成为文艺复兴的动力

但是，十字军虽历经七次远征，耶路撒冷仍逐渐落入伊斯兰人手中，十字军国家也相继灭亡。公元1291年，马穆鲁克王朝统治下的阿卡被攻陷，标志着十字军东征的失败。教皇权力动摇，诸侯和骑士不仅失去了财产还搭上了性命，得到的结果却与当初促使人们参加战争的目的完全相反。

可诸情境下，商业反而得到飞跃式的发展。

封建体制下，人员往来受限，商业无法发展。由于十字军东征开辟了“东方之路”，进入地中海，促进了人、物、金钱的来往，使东方贸易逐渐兴盛。

在热那亚、威尼斯等意大利港口城市的远征基地里，聚集了向圣地进击的骑士和大量运往巴勒斯坦的物资。威尼斯并不是单纯地提供船只和人员给十字军，他们以廉价租借人、物为条件获取部分军队胜利后占据的土地，老谋深算地签下契约。

公元1202年，第四次十字军远征后，威尼斯贵族将领要求十字军占领君士坦丁堡，驱逐拜占庭帝国，使之建立拉丁帝国。大战后，威尼斯已经以君士坦丁堡为基地进入小亚细亚沿岸和地中海东南部的埃及，与伊斯兰世界开展经济贸易。威尼斯企图通过建立拉丁帝国持续地进行经济贸易，独占东方贸易。

在十字军远征失败之时，威尼斯不仅领土得到扩张，还发展成为一个经济与军事实力并存的城市国家。欧洲“货币经济”发达，诸侯和贵族中有一部分人向商人借了远征费用后却无法偿还，由此出现了封建体制下戏剧性的身份转变。随着工商业的发达以

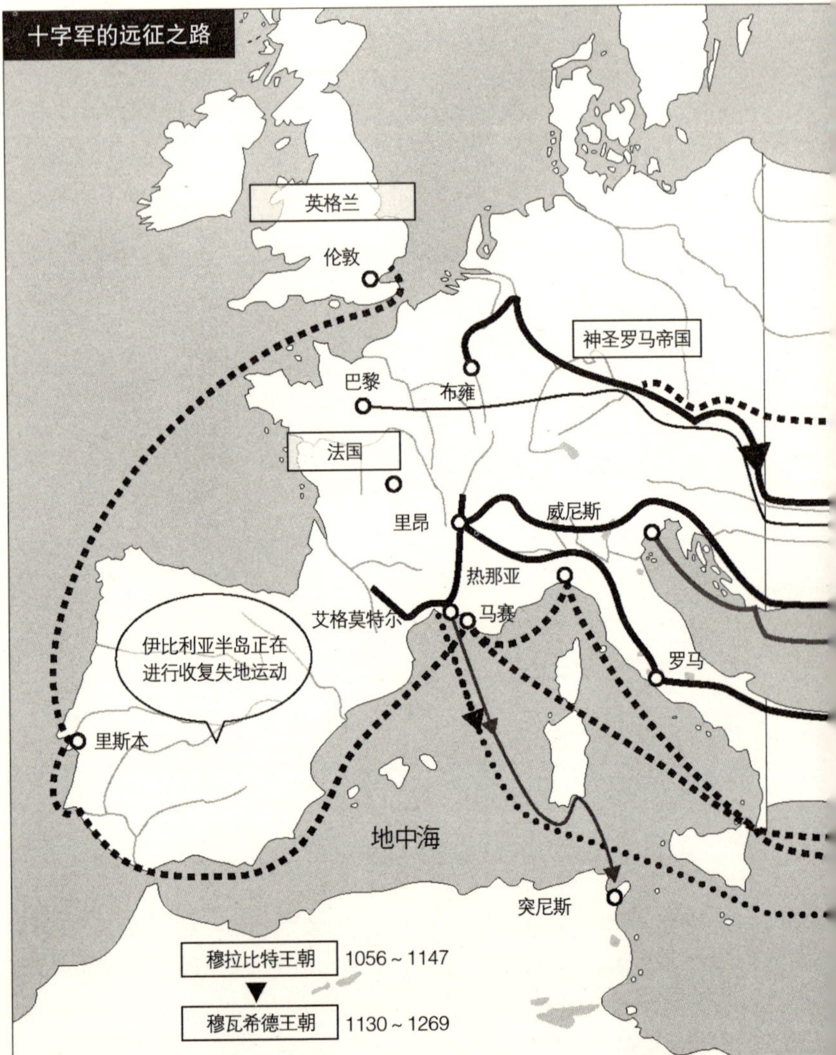

1096 年，第一次十字远征中基督教势力收复圣地耶路撒冷，但是由于后来受到赞吉王朝和阿尤布王朝的进攻，耶路撒冷被夺回，十字军远征仍在进行。前后总共断断续续进行了七次。最初，人们是出于纯粹的信仰进行远征，但逐渐被世俗利益所驱使，远征目的发生变化。

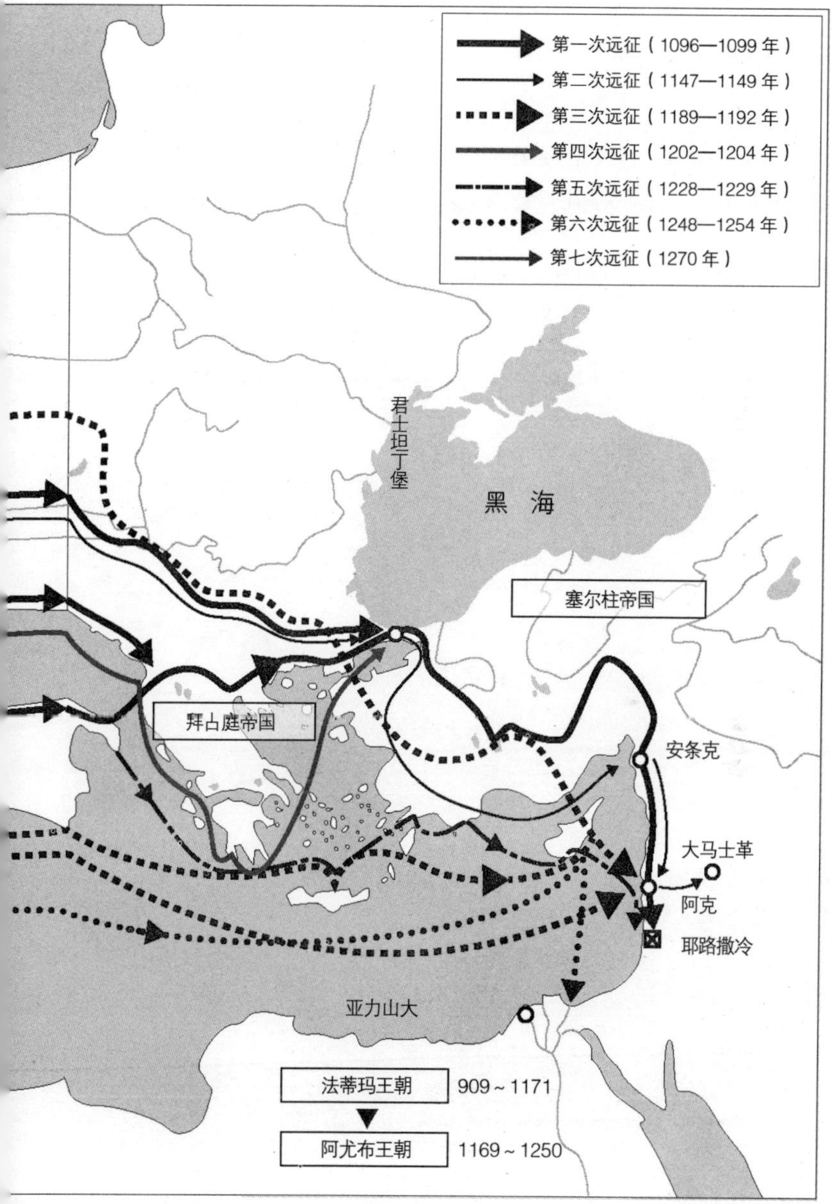
第一次远征（1096—1099 年）
第二次远征（1147—1149 年）
第三次远征（1189—1192 年）
第四次远征（1202—1204 年）
第五次远征（1228—1229 年）
第六次远征（1248—1254 年）
第七次远征（1270 年）
君士坦丁堡
黑 海
塞尔柱帝国
拜占庭帝国
安条克
大马士革
阿克
耶路撒冷
亚力山大
法蒂玛王朝
909 ~ 1171
阿尤布王朝
1169 ~ 1250

及城市的发展，在很长一段时间内席卷欧洲，以土地为媒介的封建制度瓦解。

十字军远征所带来的影响，不仅停留在社会制度的变革。它使原本生活在自己土地上视野狭隘的人们了解到其他国家的城市或国情，思索东方地区的局势，考虑新的生活方式。在通过地中海与伊斯兰世界联系的过程中，“伊斯兰教文化”传入意大利各个城市。

于是，以大商人为后援的文艺复兴出现，世界史的巨轮驶入下一个时代。

理查一世归国之路

十字军东征共计七次，第三次十字军东征的规模与声势最为浩大。参与战争的有当时最大的封建君主英格兰国王理查一世、法兰西国王腓力二世和神圣罗马帝国国王腓特烈一世，他们率军与阿尤布王朝萨拉丁展开激战。

但是因封建体制独有的对立关系使十字军内部陷入混乱的旋涡并最终导致十字军溃败。理查一世的“归国之路”存在的不稳定因素，给英法历史带来了巨大影响。

12世纪，十字军占领耶路撒冷，伊斯兰教势力范围由此发生变化。塞尔柱帝国的后继王朝——赞吉王朝的库尔德人武将萨拉丁崭露头角，在埃及自立门户，建立阿尤布王朝。1174年，萨拉丁征服叙利亚后，又在1187年的哈丁战役中大破耶路撒冷王国，耶路撒冷重返伊斯兰势力范围。

1189年，受此动荡影响的欧洲各国为再次夺回耶路撒冷，组织了第三次十字军远征。但是远征途中，腓特烈一世坠河溺亡，腓力二世攻克阿卡后回国，而英格兰国王理查一世在巴勒斯坦战斗到最后。

他与腓力二世一同收复被萨拉丁夺走的地区之一——耶路撒冷北方的阿卡后，沿海岸线南下，到达耶路撒冷西方的阿苏夫击败萨拉丁。但其后遭到萨拉丁的顽强反抗，尽管收复耶路撒冷的计划无疾而终，但双方于1192年达成停战和约，允许基督教徒出入圣地朝圣。

因私怨被俘的狮心王理查一世

暂时达成目标的理查一世踏上了归国路，而这段旅程远比与萨拉丁交战更艰难。他从叙利亚出发，渡过地中海朝威尼斯前行，途中他乘坐的船两次触礁，最后理查一世一行不得不在西临亚得里亚海东侧的扎达尔登陆。

但是，扎达尔是奥地利公爵利奥波德五世家臣的领土，阿克城被十字军占领时，他们在城上升起德国旗帜与英法并列，惹怒了理查一世，理查一世于是下令将德国的旗帜撕碎丢在泥土中。对此，已故腓特烈一世的代理人利奥波德极为愤怒，双方关系破裂。

当理查一世意识到登陆地点是奥地利的领土为时已晚，他在多瑙河的沿岸城市维也纳被捕。理查一世被送往维也纳附近的小城杜伦施坦，其后经多瑙河和美因河转交给神圣罗马帝国皇帝亨利六世，被囚禁在特里费尔斯帝国的要塞。据英格兰一方称，英国花费15万马克的赎金使理查一世重获自由。

对于这种局势，最喜闻乐见的或许是法兰西国王腓力二世。封建制度下的“微妙关系”，英格兰国王既是其国家的国王，又是法兰西国王的臣子。

1066年，诺曼征服后，诺曼底王朝的威廉一世开始了对英格兰的统治，而威廉同时又是诺曼底公爵，受封于法兰西国王查理三

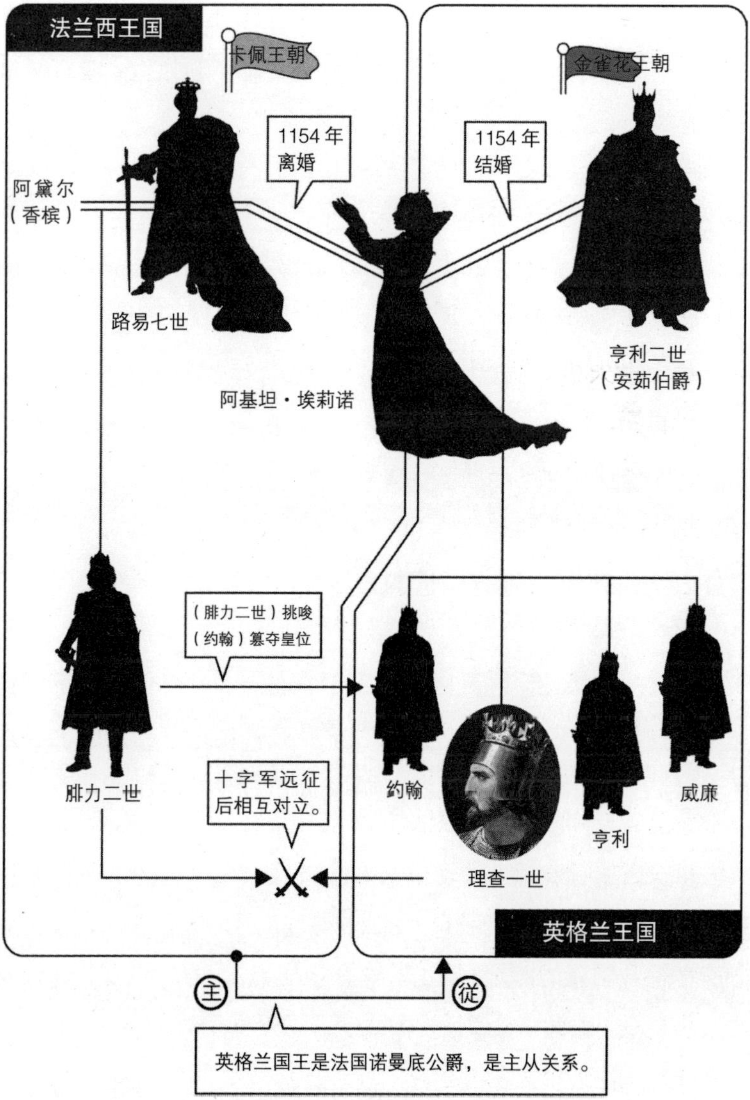

理查一世统治期间，约翰受法兰西国王腓力二世的唆使企图夺取皇位，理查受此困扰。

世。1154年，诺曼王朝统治结束，其后法兰西西部的安茹伯爵（继承了诺曼王朝金雀花家族血统的亨利）成为亨利二世，理查一世就是他的儿子之一。

理查一世与腓力二世的关系不止于此。理查一世的母亲阿基坦·埃莉诺是女公爵，拥有广阔的领土，她本是腓力二世的父亲路易七世的妻子。在第二次十字军远征过程中，阿基坦·埃莉诺与路易七世失和，她与法兰西国王离婚后，又和当时的安茹伯爵亨利二世再婚，生了理查一世等四个孩子。

因此，当时英格兰在欧陆的法兰西王国也有诸多领地，腓力二世正虎视眈眈地等待着“收复领土”的机会。

腓力二世的计谋与理查一世的悲剧

因此，腓力二世趁英格兰国王不在的期间，盯上了其王弟约翰。一方面，腓力二世出动军队占领诺曼底各地；另一方面，为将理查一世赶下台，腓力二世以法兰西国王之名向约翰保证其英格兰国王和安茹伯爵继承者的地位。

理查一世的忠臣们在防止约翰阴谋达成的同时，又在四处奔走筹集解救国王的赎金。国王的赎金价格之高，即便倾尽国库储蓄也无法相抵。因此，不管是神职人员还是平民，不限身份、地域，向所有人征收赋税，总算凑够了赎金。

1194年，理查一世重获自由，回归祖国。但是，为了报复腓力二世，他回国不久就发起战争。国王出征后，英格兰为筹集与法兰西作战的资金和招募军队绞尽脑汁。

1199年，理查一世在法国沙露堡城堡的围城战中负伤身亡。虽然理查一世是第三次远征中的英雄，但是，在他短期统治中，远征和赎金迫使政府和国民承受了沉重的经济负担，也明显削弱了英格兰的国力。

威斯敏斯特宫里竖立着理查一世的骑马铜像。

理查一世死后，其弟约翰即位，他曾为争夺皇位不惜将兄长陷于绝境。对于英格兰来说十分不幸的是，约翰极其愚笨。位于法兰西西南部阿基坦北部的英国领土上，当地权势发生了纠纷，约翰竟然允许腓力二世进行法律与军事干预，使得金雀花王朝在法兰西领土失去了威信。然而约翰竟然抢夺法兰西王国臣子的未婚妻并与之结婚，之后他不仅拒绝法兰西法庭的传唤，而且还诉诸武力，在法兰西地区彻底失去了信用。

法兰西宫廷宣布没收约翰从理查一世继承来的英格兰位于欧陆的领土，英格兰就此失去了在欧陆的领土。约翰又被称作“失地王”，来源于其父未封给他欧洲大陆的领地，后来多为讽刺他登上王位后丢了许多领土。之后英国未出现国王与他同名，所以不称其“约翰×世”。理查一世的归国之路，变成导致安茹帝国灭亡的决定性因素。

鼠疫传播之路

在十字军东征结束，城市经济发展兴盛之时，一场神秘的瘟疫席卷了整个欧洲。感染瘟疫的患者全身出现黑斑，最终痛苦地死去。

这场诞生于中亚、可谓“死神”的瘟疫在欧洲夺走了3000多万人的生命，使社会陷入大混乱。面对来势凶猛的瘟疫，一直统治着人们精神世界的权威——教会也束手无策，并因此威信一落千丈，为后来的宗教改革奠定了基础。

死神降临欧洲各地

在改写了世界史的这些“路”中，最为恐怖的无疑是“鼠疫传播之路”，也就是令人闻风丧胆的“黑死病”的传播路径。

黑死病通过寄生在老鼠身上的跳蚤在人群中传播，感染者患上败血症后全身出现黑斑，大多数病人会在三天之内死亡。在当时既没有抗生素也没有明确治疗方法的情况下，该疾病的致死率达到60%～100%，病人发现自己被感染，只能提前做好迎接死亡的心理准备。

虽然历史上曾有黑死病暴发的多次记录，但是损失最为惨重、影响最大的，无疑是14世纪的大暴发。

这场大瘟疫起源于1338年的中亚。

1345年，鼠疫大瘟疫在哈萨克斯坦东南部的巴尔喀什湖南岸周围蔓延；翌年，到达距其西南600公里以上的塔什干，并分为两条传播路径。一条经过里海南岸的德黑兰，于1348年到达黑海东南部的特拉布宗；另一条由咸海北部的阿拉尔斯克经里海北部的阿斯特拉罕，到达黑海北部克里米亚半岛的卡法。

其间，第二条路线使欧洲蒙上了一层恐怖的阴影。

当时，卡法是意大利的城市国家热那亚的殖民地，原住民塔塔尔族包围了热那亚的要塞，双方正在交战。这时，塔塔尔族将感染黑死病死亡的同伴尸体扔进了要塞内部。意大利人首先感染了黑死病，卡法人民弃城逃亡，他们途中经过君士坦丁堡和西西里岛，又返回了热那亚。他们使鼠疫病菌在经过的城市扩散，感染范围进一步扩大。当病菌真正登陆热那亚后，大流行暴发了。在君士坦丁堡，黑死病不仅登陆大城市，还通过当地港口向各地出航的船只将黑死病菌传播到各处，次年扩散至马耳他岛、突尼斯和埃及。

贸易商人的船只，也进一步促进了黑死病的传播。

热那亚的船只不仅开往希腊的雅典、撒丁岛、科西嘉岛、厄尔巴岛等意大利周边区域，还前往马赛和瓦伦西亚，致使感染范围进一步扩大。1348年，黑死病经过巴黎越过海峡，在英格兰南部登陆，到达伦敦和爱尔兰。

对于这场夺走了3000多万人性命的黑死病，当时的医学束手无策。死亡人数不断增多，困境中的人们向教会寻求依靠。然而，管理教区的神父在看护黑死病病人并为之做祷告时受到感染，在

受黑死病侵袭的威尼斯采取了隔离政策，将感染者转移到了周边岛屿的收容所。

患者去世不久后也病发身亡。一些身居高位的神职人员见状，因害怕被感染而避免与患者接触，将信徒弃而不顾。去教会祷告徒劳无功，死者仍不断增加。

人们清楚地意识到曾束缚人们生活的教会和罗马教皇对黑死病无能为力，甚至神职人员也开始怀疑教会和教廷。即便如此，部分信徒的信仰之情依然高涨。在德意志，信徒认为黑死病是上帝让世人赎罪而带来的考验，还出现了鞭笞苦行者的团体。他们在欧洲各地用鞭子不断抽打自己的身体直至流血，不断上演着一幕幕赎罪的受难剧。

在这一系列变化之下，曾在中世纪社会极具权威的教会影响力逐渐削弱，人们开始广泛怀疑教会为筹集运营和建设教堂费用

中世纪一幅描绘了鼠疫传播情景的画。港口堆积了大量尸体。

而发售的赎罪券。其中，宗教改革的先驱、神学教授马丁·路德登上历史舞台，他批判购买赎罪券就能得到赦免这种自以为是的说法。此外，因死亡已司空见惯，在艺术领域中，人们以死神的到来为主题绘制了《骷髅之舞》。

“鼠疫传播之路”虽然是夺人性命的恐怖之路，它却使人们对以教会为媒介的“人神关系”产生疑问，成为撼动了欧洲世界的宗教改革兴起的原因之一。

蒙古帝国远征之路

就在欧洲十字军多次东征期间，蒙古帝国兴起于文化相对落后的地区——亚洲的草原地带。

1206年，成吉思汗即位，建立蒙古帝国。到其孙忽必烈时代，蒙古帝国已控制了欧亚大陆的大部分地区，吞并了伊斯兰世界和东欧地区，疆土与西欧国家接壤。北方游牧民族铁蹄踏过的“横扫欧亚远征之路”，带来的不只是杀戮和破坏，也促进了东西方的广泛交流，开拓了一个史无前例的“全球化时代”。

蒙古帝国的“征服世界之路”

蒙古帝国的征服世界之路，始于成吉思汗。自古以来，以匈奴为代表的北方游牧民族就是封建中国统治者的心头之患。他们长期割据北方草原地区，并屡次劫掠物资丰富的南方。9世纪中期，在草原一角的蒙古高原上聚集了蒙古族、泰赤兀氏族、克烈部族。虽然，封建中国的统治者为防止这些草原民族合成一股巨大势力一直助长部族之间的对立，但12世纪，蒙古族的铁木真部落势力抬头，击败了蒙古高原各部族，尊号“成吉思汗”。

窝阔台汗所建蒙古部族的首都——哈拉和林。

成吉思汗以征服女真族为开端，开始向中亚的西夏、塔塔尔族、维吾尔族发起远征，向西扩张。其接班人窝阔台继承了他的遗志，并派外甥拔都和旭烈兀西征，占领华北地区。向西方进攻的拔都控制了中亚地区和俄罗斯，进入波兰和匈牙利。1241年，他在里格尼茨击溃波兰军队。此外，旭烈兀还攻入西亚，灭亡了信仰伊斯兰教的阿拔斯王朝。窝阔台时代的远征之路从亚洲远达中东、西欧，甚至与"丝绸之路"相重叠。

这样一来，蒙古部族的统治区域扩大到欧亚大陆的大部分地区，但控制如此辽阔的疆域绝非易事。各地区、各民族之间有着不同文化，成吉思汗子孙之间的矛盾也不断激化。蒙古部族以首都在哈拉和林的大汗国为中心，分割成多个汗国来进行统治。其后，各个汗国的独立倾向日渐增强。到了第五任可汗忽必烈时代，四大汗国——察合台汗国、伊儿汗国、钦察汗国、窝阔台汗国分别独立。忽必烈将大汗国的首都从哈拉和林迁至大都（今北京），改国号为“元”。

此后，元朝逐渐汉化，四大汗国也各自融入当地文化。

蒙古军强悍的秘密

蒙古部族之所以能发挥出如此威力，原因主要在于马上民族特有的机动能力。

当时军队主要由骑兵和步兵组成，但蒙古军队均为骑兵，为防止马匹疲劳，还给每人配备了数匹马以供替换。因此，普通军队行进速度大约是每日20公里，而蒙古军队则能够达到每日60公里的惊人速度。此外，在身为游牧民族的蒙古军队后方，家人紧紧相随。这有效防止了因思乡情绪造成的士气下降。

蒙古军队摧毁拒绝投降、进行抵抗的城市，屠杀城民，曾是令人恐惧的“破坏与杀戮的使者”。但他们也为征服之路的沿线地区带来了和平。

蒙古部族的远征使欧亚两个大陆合为一体，加强了东西方的广泛交流。蒙古部族占领了从丝绸之路的起点到终点的所有疆域之后，这之间的交通路线便成了干线道路。在此之前，丝绸之路上小国林立，许多地方治安不佳，但蒙古部族在沿线每隔一段距离就配备马匹和驿站，解决了安全问题。此外，以往每路过一个国家所需缴纳的通行税不再征收，交通成本大幅下降，促进了东西方贸易的兴盛。东西方不再只是物资往来，伊斯兰教的地理学和历学也传入亚洲。这些都推动了亚洲、中东、西方间的文化交流。

1246年，罗马教皇英诺森四世派遣柏郎嘉宾携教皇敕令前往蒙古；1254年，法国国王路易九世派遣使者卢布鲁克觐见蒙古大汗。

西方对东方的关注程度不断提高，引导人们步入“大航海时代”。

郑和下西洋之路

14世纪，称霸欧亚大陆的元朝国力显著衰弱。1368年，朱元璋建立明朝，结束了蒙古部族的统治，并将他们驱逐至北方的蒙古高原。

明朝统治中国之后，试图重建以前对周边国家实施的册封制度。这一时期所开拓的路，就是由明永乐帝的亲信郑和所走的“下西洋”之路。

在元朝国力不断衰弱之时，1351年，爆发了以白莲教教徒为核心的红巾起义，之后各地农民相继起义。朱元璋在起义军中崭露头角，最终掌握了起义军的领导权。1368年，朱元璋在南京建立明朝，将蒙古势力赶退至北方草原，实现了统一。

明朝建立后，第一个目标就是恢复中华文化的威望，清除蒙古部族的文化和组织，使封建中国再次成为世界的中心。为此，明朝积极推行朝贡贸易制度。在朝贡制度下，藩属国向宗主国进贡，而宗主国的回赐品往往较进贡物品丰厚，以此来宣扬国威，两方的关系并不平等。另外，在朝贡时，皇帝授予朝贡国的首领王或者诸侯等封号，结成形式上的君臣关系。这就是“册封制度”。明朝希望通过朝贡贸易制度，将周边国家不断编入册封体制中。其中，明朝的第三位皇帝——永乐帝最为重视朝贡贸易。

永乐帝一方面御驾亲征蒙古，另一方面征服在东南亚取得霸权的大越（越南），扩大了领土面积。明朝征服了越南北部后，永乐帝派宦官到各地进行统治，还派遣使者到西藏地区，以及东南亚的泰国和周边各国，召其进贡。最终，向明朝朝贡的国家多达50余个。

当时明朝派出了大量使者，其中派往南海的就是郑和。

郑和因其“下西洋”的功绩而广为人知，但是除此壮举外，人们对郑和本人的了解并不多。据说，郑和生于元朝时代，是从中亚移居到云南省的一族，他是西域色目人的子孙。生于云南的郑和后为明军所掳，被押送至南京成为宦官，侍奉于燕王朱棣（永乐帝）左右。

1399年，燕王朱棣发动“靖难之役”，用武力从第二代皇帝建文帝手中夺取了皇位，郑和因立下战功被赐姓“郑”。后来，郑和被任命为下西洋的正使。

郑和担任船队正使指挥航海，为招揽各国前来朝贡七下西洋，形成了“下西洋”之海路。

1405年，郑和第一次下西洋时，船队中仅大型船只就有62艘，船员多达2.7万人。据传，大型船全长150多米，宽约60米，载重高达8000吨。船队从南京东部的浏河镇出发，经过泉州，南下东海和南海后，通过中南半岛东部占城的归仁，向爪哇岛的泗水前进，再经苏门答腊岛南部的旧港通过马六甲海峡。通过马来西亚和苏门答腊岛北部沿岸，横穿孟加拉湾到达锡兰，最终抵达目的地——印度西海岸的古里。前三次航行均为同样的路线，促使东南亚各国向明朝进贡。

1413年，郑和第四次出航，其船队的目的地是当时西亚的贸易中心——波斯湾的港口城市忽鲁谟斯。郑和从古里继续向西行进，抵达该地。在第五次远航中，船队经过新兴国家朝忽鲁谟斯行进。自第四次航海起，郑和开始了一个壮举：分遣船队前往不同目的地。他们不仅在第四次远航中到达了位于阿拉伯半岛南部与红海相接的阿丹，在第七次远航时，分遣队还远至伊斯兰教圣地麦加，以及木骨都束和麻林等非洲大陆东岸地区，将长颈鹿、狮子和斑马等珍奇野兽带回国。

在郑和远航后，许多国家开始向明朝进贡，郑和所率领的大船队也为明朝带来世界各地的物产。

郑和下西洋的功绩固然值得肯定，但它严重损耗了明朝的国力也是不争的事实。船队耗资巨大自不必说，使节团的回赐物品也加重了财政负担。因此，自郑和下西洋，明朝没有再进行这类远航。朝贡关系下的册封制度仅容许官方进行海外远航，并没有促进民间自由的海外贸易。因此，明朝商人不得不缩小在印度洋和南海的贸易规模。

由此，封建中国在连接欧亚大陆的“海上之路”影响力逐渐衰弱，在日益活跃的世界海上贸易与文化交流中落后于晚兴起的海洋国家。

第三章　世界扩大之路

——探寻创造近代史的十条道路

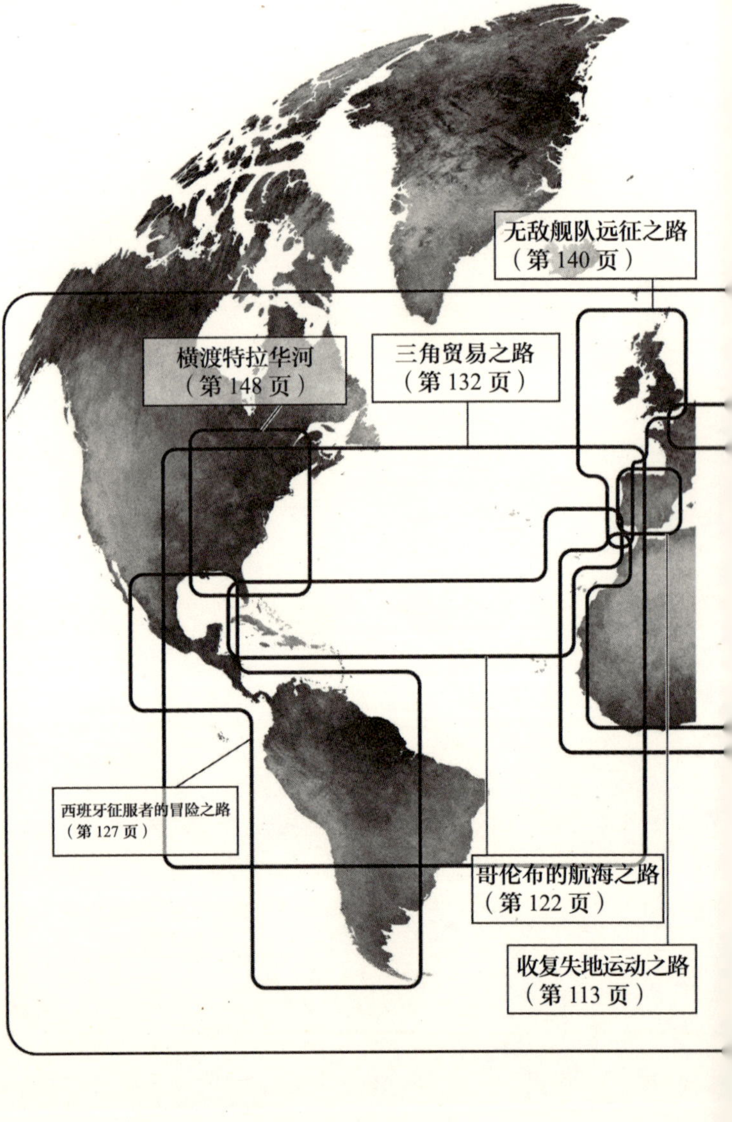

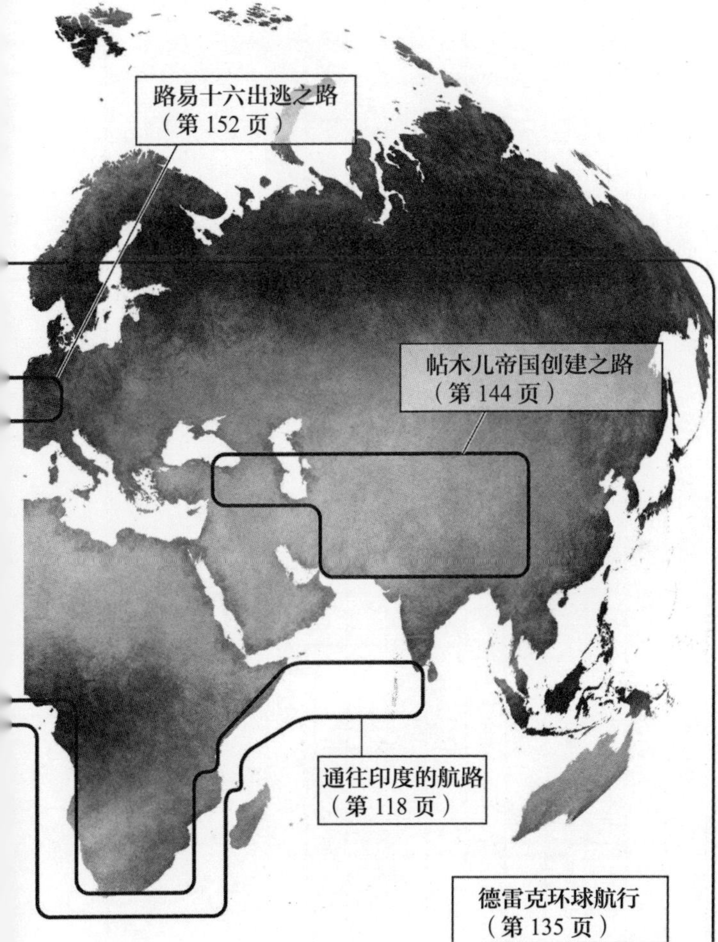

路易十六出逃之路（第 152 页）
帖木儿帝国创建之路（第 144 页）
通往印度的航路（第 118 页）
德雷克环球航行（第 135 页）

年代	历史事件
1455年	英国玫瑰战争爆发。
1456年	谷登堡发明活字印刷术。
1469年	佛罗伦萨的美第奇家族由洛伦佐·德·美第奇掌权。
	卡斯蒂利亚的伊莎贝拉公主与阿拉贡的王子费尔南多结婚。
1477年	哈布斯堡家族的马克西米利安与玛丽·德·勃艮第结婚。
1479年	西班牙王国建立。
1480年	莫斯科大公国独立。
1488年	葡萄牙人巴尔托洛梅乌·缪·迪亚士到达好望角。
1492年	格拉纳达陷落，奈斯尔王朝灭亡。（收复失地运动结束）
1494年	哥伦布到达美洲新大陆。
	西葡签订《托德西利亚斯条约》。
1498年	瓦斯科·达·伽马到达卡利卡特。
1500年	帖木儿帝国灭亡。
1517年	马丁·路德发表《九十五条论纲》（宗教改革开始）
1519年	麦哲伦开始环球航行。
1521年	科尔特斯征服阿兹特克帝国。
1526年	莫卧儿帝国在印度建立。
1533年	皮萨罗征服印加帝国。

1794年	7月，法国热月政变后，建立了督政府。
1791年	路易十六出逃事件发生。
1789年	法国大革命爆发。
1783年	英国的奴隶贸易迎来鼎盛时期。
1775年	美国独立战争开始。
1756年	奥地利女王玛丽娅·特蕾莎试图收复失地，七年战争爆发。
1740年	奥地利王位继承战争爆发。
1683年	奥斯曼帝国发动维也纳战役。
1661年	法国路易十四开始亲政。
1648年	《维斯特发里亚和约》签订，承认荷兰、瑞士的独立地位。
1642年	英国发生清教徒革命。
1618年	神圣罗马帝国爆发三十年战争。
1616年	努尔哈赤建立后金。
1613年	米哈伊尔·罗曼诺夫登上帝位，罗曼诺夫王朝建立。
1588年	西班牙的「无敌舰队」被英格兰舰队击败。
1577年	费朗西斯·德雷克开始第一次环球航行。
1572年	法国发生圣巴托罗缪大屠杀。（由旧教徒进行的大屠杀）
1571年	勒班陀海战中，西班牙、罗马教皇以及威尼斯组成的联合舰队击败奥斯曼军队。
1568年	荷兰独立战争开始。
1562年	法国宗教战争开始。

收复失地运动之路

整个中世纪，伊比利亚半岛都几乎游离于欧洲历史之外。自711年伊比利亚半岛被伊斯兰势力征服，此后长期处于伊斯兰政权的统治下。

此间，基督教徒始终坚持抗争，到了近世，终于成功地改变了伊比利亚半岛的势力版图。基督教徒之所以能够坚持“收复失地运动”，其实是因为背后存在一条“朝圣之路”，一直为参战骑士提供精神支持。

与伊斯兰教徒的国土争夺战

公元5世纪，日耳曼民族大迁徙引起的混乱中，伊比利亚半岛上建立了西哥特王国，托莱多设了大主教，由此成为基督教世界的一部分。然而，公元711年，西哥特王国被来自北非的伊斯兰势力—— 倭马亚王朝所灭。自此，几乎整个伊比利亚半岛都处于伊斯兰的统治下。其后，半岛先后经历了后倭马亚王朝、穆拉比特王朝、格拉纳达王国等伊斯兰教政权的更迭，伊斯兰文化在这片土地上逐步生根。

不过，基督教徒并未顺从地接受伊斯兰势力的统治，他们发起

收复失地运动中为夺回瓦伦西亚奋战的英雄——熙德。

了收复伊比利亚半岛的运动，也就是“收复失地运动”。此后长达七个世纪的漫长时期里，伊比利亚半岛上演着基督教与伊斯兰教的争夺战。

“收复失地运动”早在718年便已开始。当时，逃到伊比利亚半岛北部山岳地区的基督教徒建立了阿斯图里亚斯王国并试着发起反击。但是，由于基督教势力内部的纠纷和分裂，未能团结成一股强大的力量，收复失地运动反复上演着刚有起色便衰微消退的戏码。而基督教徒与伊斯兰教徒也并非总处于战争状态，双方在相当长的时期里其实是并存的。

1032年，倭马亚王朝因内部争斗而灭亡后，收复失地运动加速。其后伊斯兰政权并不稳定，分裂出许多小国家，实力自然也被削弱。而继承了阿斯图里亚斯王国的莱昂王国与卡斯蒂利亚王国合为一体，并与逐步兴起的葡萄牙王国、阿拉贡王国联合起来对抗伊斯兰教徒势力。卡斯蒂利亚王国还占领了伊比利亚半岛中部的重要城市托莱多，将伊斯兰教徒势力驱逐到半岛南部地区。

12世纪后半叶，伊斯兰教徒势力再次兴起，穆瓦希德王朝从北非登陆伊比利亚半岛，势力范围一直扩张到比利牛斯山脉。基督教势力则在十字军的支援下慢慢向南扩张，试图收复失地。到13世纪，伊斯兰势力范围只剩下半岛南部以格拉纳达为中心的格拉纳达王国，半岛的大部分领土都已由阿拉贡、卡斯蒂利亚、葡萄牙三国控制。

1469年，卡斯蒂利亚王国的公主伊莎贝拉和阿拉贡王国的王子费尔南多联姻，成为收复失地运动的重大转折点。1479年，因两国的继任君主成婚而合并的两国，使西班牙王国就此诞生。1492年，西班牙包围了格拉纳达王国，奈斯尔王朝的穆罕默德十二世投降。至此，收复失地运动宣告结束。此时，一个将主导近代欧洲史的强国已初步成型。

1453年，随着君士坦丁堡陷落，“东方贸易”之路被封锁。伊比利亚半岛的基督教势力将目光转向大西洋的另一边，大航海时代即将开始。

“圣地亚哥朝圣之路”以及繁盛的罗马文化

收复失地运动前后持续了八百年，如果没有坚定的基督教信仰，是无法在如此漫长的岁月中与强大的伊斯兰势力不断斗争的。这种虔诚的信仰就体现在为骑士提供精神支撑的著名世界遗产——圣地亚哥·德·孔波斯特拉朝圣之路中。

公元803年，在西班牙北部的加利西亚地区发现了一具据称为基督教十二门徒之一圣雅各的遗体，新的圣地——圣地亚哥·德·孔波斯特拉就此诞生。

这对基督教世界来说，是一件极为重要的大事。

中世纪时期，信徒对圣人的遗骸和遗物怀有很强的信仰，他

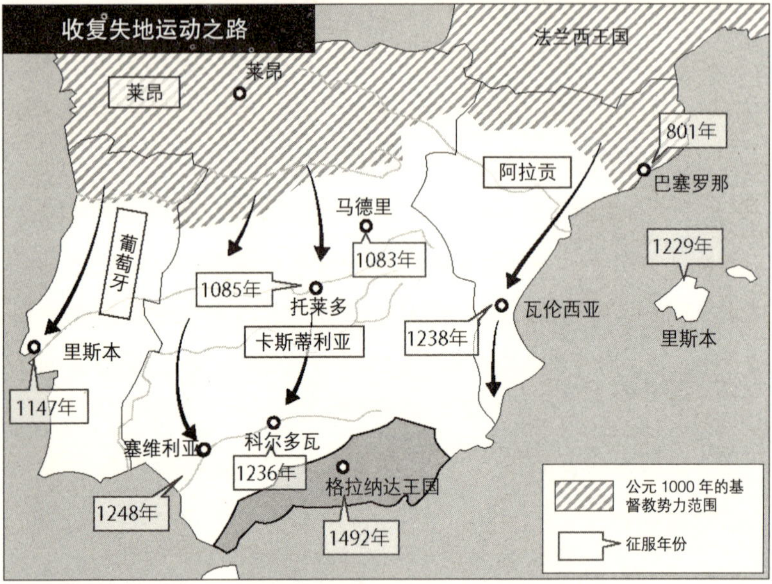

为夺回被伊斯兰势力侵占的伊比利亚半岛，收复失地运动自 10 世纪开始持续进行。基督教势力逐渐向南扩张，于 1492 年攻陷了格拉纳达，成功收复了伊比利亚半岛。

弗朗西斯科・普拉迪利亚・奥尔蒂斯绘制的这幅油画描绘了 1492 年格拉纳达陷落时的情景。中间骑着马的男子是费尔南多五世，旁边是他的妻子伊莎贝拉一世。

们习惯将收纳圣人遗骸和遗物的教会、圣地等地方作为目的地，进行朝圣之旅。圣地亚哥·德·孔波斯特拉也是收复失地运动的舞台，它与耶路撒冷、罗马并称天主教的“三大朝圣之地”。

从巴黎、南特、尼斯等法国各地的城市出发，翻过比利牛斯山脉抵达圣地亚哥·德·孔波斯特拉的这条路原是罗马时代修建的道路，全长大约1000公里，有人在中途因遇到强盗或狼的袭击而丢了性命。即使如此，人们为了支持骑士参战，还是义无反顾地踏上朝圣之路。

对于骑士而言，要守护朝圣之路和圣地，就必须取得收复失地运动的胜利。

通往印度的航路

历经十字军远征与蒙古军入侵，欧洲开始关注东方世界。特别是马可·波罗在《马可·波罗游记》中的记载，勾起了欧洲人对东方国家庞大财富的兴趣。

恰好，当时经由地中海进行的东方贸易遭到奥斯曼帝国阻挠，伊比利亚半岛正处于西班牙、葡萄牙的统治下，两国利用与伊斯兰势力作战及文化交流中积累的航海技术，积极开拓通向东方世界的“新道路”。

对满地金银珠宝的东方世界兴趣高涨

据《马可·波罗游记》记载，东方有数不尽的金银财宝、丝绸织物等奢侈品。不过，当时的欧洲人最想要的是香料。尤其是胡椒，它的交易价格比黄金还昂贵。据说为防止胡椒被风吹走，人们需要在密闭的室内用小镊子一粒一粒地取下来。胡椒不单是满足个人嗜好的物品，还是防止肉食腐烂的必需品。

一直以来，经由地中海开展的东方贸易被伊斯兰商人和意大利各城邦的商人垄断。随着奥斯曼帝国壮大，其阻断了以地中海为媒介的东方贸易之路，来自东方的商品价格水涨船高，欧洲各国都希望能够直接与东方国家开展贸易往来。

此外，当时欧洲有一个传说：东方有一个名为“普雷斯特·约翰王国”的基督教国家。欧洲各国热切希望与该国联手对抗伊斯兰势力，教会也希望扩大基督教的传播范围，因而大力支持。再加上当时指南针等技术的革新，航海技术取得长足进步，造船技术也不断发展，使海上远航成为可能。

于是，欧洲人开始探寻前往亚洲的新航路。

最早开始开辟新航路的国家，是收复失地运动中的主力之一——葡萄牙王国。葡萄牙是一个面向大西洋的海洋国家，先西班牙一步结束收复失地运动，但是领土狭窄、资源匮乏。因此，葡萄牙想要取代伊斯兰商人取得贸易权。到14世纪，人们普遍相信普雷斯特·约翰王国位于非洲，越发想与其联手击败伊斯兰教国家。

在此情况下，国王若昂一世的王子恩里克攻占了直布罗陀海峡对岸的休达并以此为据点，积极支援探寻从西非南下的航路一事。他不仅给航海者提供资金支持，还招纳贤才，设立天文台、开办学校，因此也被称为“恩里克航海王子”。在恩里克的指挥之下，葡萄牙人在大西洋中发现了马德拉、加纳利等群岛。1460年，航路已经延伸到非洲最西端的佛得角，甚至到达塞拉利昂。

绕过非洲最南端的印度航路被发现

恩里克去世之后，葡萄牙继续实施这项政策。

1488年，巴尔托洛梅乌·缪·迪亚士沿着非洲西海岸南下，到达非洲大陆最南端的海角。这相当于发现了绕过非洲到达印度的

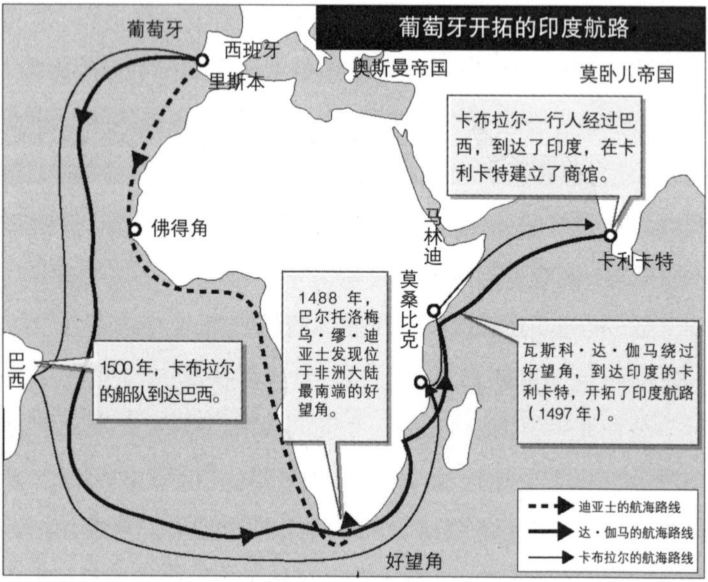

迪亚士发现好望角以及达·伽马开拓印度航路，标志着大航海时代的到来。

非洲大陆最南端的好望角

航路，这个海角被葡萄牙国王若昂二世命名为“好望角”。

与西班牙之间的竞争也迫使葡萄牙必须加快开拓新航路。1492年，哥伦布在西班牙的资助下抵达西印度群岛。1494年，葡萄牙与西班牙签订《托尔德西里亚斯条约》（Treaty of Tordesillas），对两国所发现土地的权利范围进行划分。因此，葡萄牙为到达亚洲，就必须要从好望角向东行进。

1498年，瓦斯科·达·伽马一行人绕过好望角，沿着非洲东海岸北上，终于抵达印度的卡利卡特。这是欧洲人首次抵达印度。虽然达·伽马在那里仅获得了少量香料与宝石，但当他回到里斯本将这些东西卖掉后，仍赚取了巨额钱财。此后，葡萄牙国王每年都会派遣大规模的船队前往印度。1509年，葡萄牙在印度西海岸发生的第乌海战中大败威尼斯支持的埃及马穆鲁克王朝舰队。翌年，阿布奎克占领果阿，并将该地作为统治印度洋的据点。

就这样，葡萄牙以瓦斯科·达·伽马开辟的印度航路为踏板，逐步驱逐意大利城邦商人和伊斯兰商人，掌握了东方贸易的主导权。

哥伦布的航海之路

出生于意大利热那亚的哥伦布不断向西航行，横渡大西洋，于1492年到达美洲大陆。他的这趟“发现新大陆”之旅，给世界带来了翻天覆地的变化。

哥伦布误将“新大陆”当成印度

欧洲中世纪，人们坚信地球是平的，海的边缘就是世界尽头。

葡萄牙修建了发现者纪念碑，以纪念大航海时代的航海家们。

直到哥伦布生活的时代，这仍是一个有力的学说。不过，哥伦布的冒险并非莽撞。早在15世纪初期，就有人提出“地圆说”并逐渐普及。

哥伦布读过《马可·波罗游记》及神学家皮埃尔·达依（Pierre d' Ailly）的《世界景象》等书。他始终认为一直向西横渡大西洋，就能到达亚洲。他还向当时地理学的权威——托斯坎奈利咨询过向西航行的路线，托斯坎奈利认为这条航路比绕过非洲的那条航路更接近亚洲。这使哥伦布坚定了向西航行的决心。

1483年，哥伦布先向葡萄牙国王若昂二世寻求资助，但当时葡萄牙正专注于开拓绕过非洲的航路，因此没有理会哥伦布。

1485年后，哥伦布又向西班牙的伊莎贝拉女王寻求资助，但最后也不了了之。不过，伊莎贝拉女王在攻破格拉纳达、结束收复失地运动之后，出于对抗葡萄牙的野心决定资助哥伦布。

1492年8月3日，哥伦布带领120名船员，驾驶着圣玛利亚号等三艘船从西班牙的港口出发，向西前进。但是，向西不断航行，却连陆地的影子都没看到，船员们甚至要求返航。在航行了七十多天后，他们一行人终于到达了现在的巴哈马群岛。哥伦布依次探寻了附近的岛屿，但他没有意识到这里是“未知的大陆”，而误认为这里就是属于亚洲一部分的印度。

但这并不是因为哥伦布无知，而是当时的欧洲人对亚洲本就没有正确的认知。他们将阿拉伯半岛以东统称作意为“印度(India)”的“印第安（Las Indias）”。那时，欧洲早已经丢失了维京时代的航海记忆，不要说美洲大陆，就连太平洋都不知道。哥伦布回到西班牙之后受到热烈欢迎，于是翌年又进行了第二次航海活动。此时，伊莎贝拉女王也对哥伦布满怀期待。这次，哥伦布率领了一支大规模的船队，共有1400名船员，17只船，船上还载有大炮和马匹。

哥伦布到达了加勒比海中的第二大岛——伊斯帕尼奥拉岛，他在岛上迅速展开探索，却并没有发现至关重要的香料。他压榨原住民，迫使他们采掘黄金，但是产出量却很少。哥伦布总共进行了四次通往“印度”的航海活动，但都没取得显著成果，西班牙逐渐对哥伦布的航海事业感到失望。直至1506年哥伦布去世，他依旧主张自己到达的是亚洲。

1513年，人们才明白哥伦布登上的那片大陆并不是亚洲，而是欧洲人所说的“新大陆”。意大利人阿美利哥·维斯普西否定了哥伦布的主张，提出“新大陆”的说法，后来巴尔沃亚横穿巴拿马地峡到达太平洋，证实了该说法。

出生在热那亚的哥伦布接受西班牙伊莎贝拉女王的资助，展开航海活动，他到达了加勒比海中的岛屿，并认为这里就是印度。但后来葡萄牙的麦哲伦勇敢地进行了第一次环球航行，才到达了真正的亚洲。

教皇的仲裁使全世界成为葡萄牙和西班牙的领土

就这样，发现印度航路的葡萄牙和到达美洲大陆的西班牙成为大航海时代的先驱，然而围绕所获土地的所有权问题，两国产生了矛盾，后激化到一触即发的地步。不过，两国都想避免全面战争的爆发。因此，由教皇亚历山大六世出面进行调解。

1493年，以佛得角群岛西边约500千米的子午线为界，规定子午线以东属于葡萄牙，以西属于西班牙。在这次调解中，教皇将非基督教教徒的领土全部划分给了葡萄牙或西班牙。但是，葡萄牙不满“教皇子午线”的位置并提出抗议。翌年，即1494年，分界线沿着子午线向西移动了1300公里，《托尔德西里亚斯条约》随之签订。葡萄牙和西班牙瓜分世界的分界线也将日本囊括其中。1529年，两国签订的《萨拉戈萨条约》（Treaty of Saragossa），在东经134°处划了一条分界线，在日本人毫不知情的情况下，将日本列岛以东划给西班牙，以西划给葡萄牙。

16世纪，根据这个决议，葡萄牙在印度和非洲，西班牙在南北美洲分别建立起大量的殖民地。但有两处地方例外，那就是菲律宾群岛和巴西。菲律宾群岛当时已经被西班牙统治，所以被认定为西班牙的领土，而巴西是葡萄牙人卡布拉尔发现的，所以被认定为葡萄牙的领土。

此时，英国、法国、荷兰正在不断发展国内工业，它们只在北美的一部分地区拥有殖民地。

“欧洲的大航海时代”改变了全世界

新航路的开辟让欧洲贸易圈快速扩大。地中海失去了昔日世界贸易中心的地位，意大利各城邦还有与地中海联系颇深的德国南部各城市，势力都逐渐衰弱。大西洋和印度洋取代地中海成为新的贸易中心，葡萄牙、西班牙以及毗邻大西洋的国家和城市成为贸易往来的主角。

不过，西班牙和葡萄牙的繁盛并没能维持长久。殖民地的经营和贸易往来都掌握在王室手中，所获得的财富也悉数送回本国，但都被王室挥霍一空，并没有用于国家发展。他们也没有重视培养殖民地交易中的重要物品——毛织物、棉织物的产业发展。17世纪后，西葡两国逐渐落后于英国、荷兰等国。此时，人们已经能够获得大量亚洲物产，使得大航海时代出海动机之一的香料价格也下跌了。

哥伦布在发现美洲大陆之初并无太多收获，但后来人们却在此处发现大量的银。于是西班牙迫使原住民开采银矿，再将获得的银悉数运往欧洲。因此，银价跌落、物价飞涨，引发通货膨胀。这导致一直以来拥有土地支配权的封建领主逐渐没落，资本主义经济不断发展。

就这样，随着大航海时代到来，欧洲的经济结构发生了巨大的变化。

西班牙征服者的冒险之路

1492年，西班牙结束收复失地运动之后停止了战争状态。城镇中聚集大量失业的士兵，导致暴动发生。受到冲击的农业持续萧条，整个西班牙笼罩在阴郁中。

此时，征服新大陆的事业使人们精神振奋。许多难以谋生的人为此聚集，怀着一攫千金的美梦，出发前往美洲大陆。这些人绝大多数并未得到国家的资助，单枪匹马乘船前往美洲大陆，他们后被称为“西班牙征服者”（Conquistador）。

西班牙征服者的探索之路

征服阿兹特克帝国的西班牙征服者——埃尔南·科尔特斯。

征服中南美洲的代表人物，有科尔特斯、皮萨罗等人。没落贵族之子科尔特斯从圣多明各出发，前往古巴经营农场，后来被总督任命为探索墨西哥的司令官。墨西哥高原上，有一个多民族联合组成的强大国家——阿兹特克帝国。科尔特斯与受到帝国统治

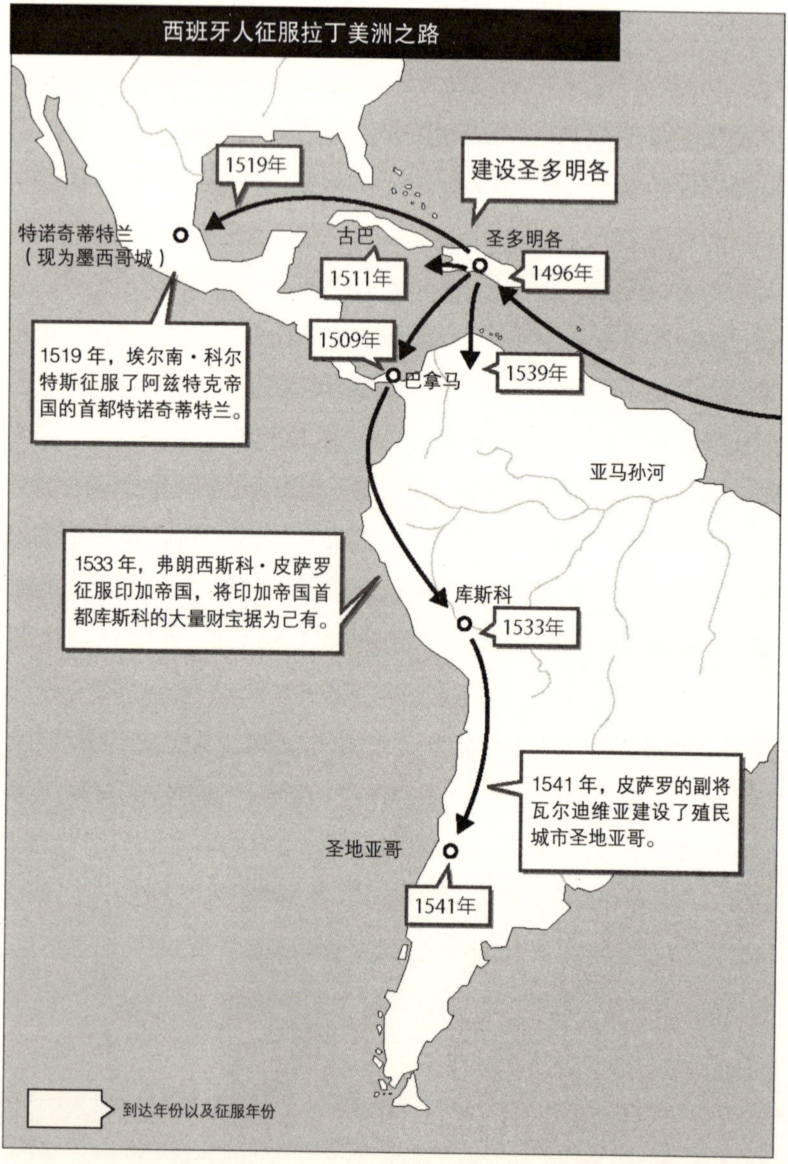

自从哥伦布发现新大陆之后，失业的流氓无赖作为征服者来到了新大陆，在征服的过程中不断烧杀抢掠，无恶不作。

的原住民结为盟友，在他们的帮助下攻打阿兹特克帝国，于1521年灭亡了该帝国。

横跨安第斯高原的南北两侧、拥有广袤领土的印加帝国，最终被皮萨罗所灭。皮萨罗从巴拿马出发探索南美洲西海岸，他趁着印加帝国国内因皇位之争发生动乱，于1533年占领该国首都库斯科，将帝国的大量金银财宝据为己有。

1540年，皮萨罗的部下瓦尔迪维亚攻占智利，建立以其名字命名的“瓦尔迪维亚”城及许多城镇，为殖民统治巩固了基础。

沿“印加古道”传播的帝国文明

西班牙征服者有义务带传教士同行，打着向新大陆的居民传教、拯救他们灵魂的幌子。然而，征服者中不少人是失业的流氓无赖。他们在所征服的土地上恣意虐杀原住民，大肆抢劫。在“赐封制度”（西班牙国王授予个人拥有海外殖民地中的部分土地和其土著人口的特许制度）之下，殖民者在王室委托之下管理所征服的土地与土地上的原住民，他们为了自己的欲望而强迫原住民进行劳动。修道士拉斯·卡萨斯将征服者的这些恶行详细记录了下来。称霸中南美洲的阿兹特克帝国和印加帝国，竟然如此轻易地被西班牙殖民者所征服。

尽管征服者们总共只有几百士兵，但是原住民们不仅没有铁制武器，也没见过枪、大炮等火器，甚至连马都没见过，哪怕拥有几万大军，在西班牙征服者面前依然束手无策。此外，欧洲人还带来了天花等传染病，夺去了许多原住民的生命。原住民对于这些传

马丘比丘古城，据说是印加帝国的人们为进行最后的反抗而建造的。

染病完全没有免疫能力。据说，阿兹特克帝国的人口在一年内减少了40%。当皮萨罗攻占印加帝国时，帝国内部已经因天花而混乱不堪。

称霸中南美洲的两大帝国在短短几十年间，便被一小撮西班牙人所消灭，而印加帝国发达的交通网络也不幸成为殖民者的帮凶。当时印加帝国具备的高超技术，可以从留存至今的印加古道中窥见。古道以首都库斯科为中心，将南北狭长的国土连为一体。其总长达23000公里，纵横整个国家，形成发达的交通网。山区的道路是用石阶铺设而成，陡坡处设置台阶，河流上架设吊桥。为了顺畅地进行物资传送、军队转移、情报传递，道路上设有驿站（Tambo），各个驿站还有信使（Chasqui），联络制度非常完善。

因此，即使在南北狭长、面积达300万平方公里的辽阔国土

玻利维亚的波托西银矿，曾给西班牙带来巨额财富。

上，无论哪里发生叛乱，情报都能迅速传到位于库斯科的皇帝手中。1532年，皮萨罗经过严密的调查攻入印加帝国，他从哥伦比亚通过印加古道进入库斯科，利用内乱巧妙地诱捕并处死了皇帝阿塔瓦尔帕，征服了印加帝国。为加强帝国统治而修建的印加古道，竟成了帝国毁灭的重要原因。

就这样，中南美洲绝大部分落入西班牙人手中。西班牙征服者强迫原住民为他们劳动，再将大量的金、银、棉花、砂糖、烟草、咖啡等物产运回母国。不过，征服者的肆意妄为没有持续多久。西班牙王室要求征服者将战利品的五分之一作为税金上缴，并在不久后向美洲派遣了官员，剥夺了征服者的权利。由此，西班牙成为前所未有的大帝国，实现了空前繁荣。

三角贸易之路

在西班牙征服者征服美洲大陆后，殖民活动愈加深入，出现了大规模的种植园经营。最初进行殖民活动的只有西班牙、葡萄牙两国，到了16世纪，欧洲各国纷纷加入。

欧洲各国相继在美洲大陆上建立起自己的殖民地，他们将原产于美洲的玉米、马铃薯、辣椒等物产运往欧洲，其中甘蔗、咖啡、红茶、烟草等物的交易价格尤其昂贵。如此一来，种植园经营得更加如火如荼，规模不断扩大，并由此诞生了造成奴隶贸易悲剧、充满罪恶的三角贸易航路。

带来巨大利益的商品

早期成为种植园劳动力的是印第安人等被征服地区的原住民。但是，高强度的强制劳动、传染病蔓延等原因使原住民人口急剧减少，引起劳动力严重不足。于是，欧洲人想到了从非洲大陆买入奴隶这一手段。

非洲西海岸是非洲大陆人口密度最高的地方，曾与伊斯兰商人贸易往来而发展繁荣。进入17世纪，这里小国林立，部落之间不断发生斗争。欧洲人利用这一点，向生活在西海岸沿岸的部落提供武器，让他们使用这些武器捕捉敌对部落的青年男性卖给欧洲人。作为购买青年男性的对价，奴隶贩子会支付给部落武器、弹药，还有欧洲廉价的刀具、毛织物、锅等日用品。廉价买入的奴隶们被运往南北美洲、加勒比海等地，通过拍卖的方式卖出后，再运往新主人的所在地。奴隶贩子用卖奴隶获得的钱财，买入砂糖、烟草、棉花等物运往欧洲。

于是，“三角贸易”在以大西洋相邻的欧洲、非洲、美洲大陆之间发展起来。其中利润最高的“商品”便是奴隶，据说非洲奴隶的价格只有美洲大陆原住民的三分之一，而且他们还能忍受残酷的奴役。

西班牙是最早开始奴隶贸易的国家。不过进入18世纪，英国掌握了奴役贸易的主导权。1783—1793年，共有几万名黑人奴隶被运往西印度群岛。非洲西海岸建立起多处奴隶贸易的据点，在那里，奴隶聚集的要塞林立，甚至还建起了专门用于出口奴隶的港口。如今的贝宁湾，其部分曾被称为“奴隶海岸”，奴隶贩了将船停靠此处一两个月，待装满非洲青年后再驶走，如此循环往复。

“非洲荒废”的影响遗留至今

三角贸易将欧洲、非洲、美洲三大洲作为贸易市场连接起来，主要围绕欧洲各城市的需求进行贸易，参与贸易的主要人员是欧洲人，所以享受利益的也基本上都是欧洲地区。

尤其是奴隶贸易主要从事者的英国，在贸易中赚取了巨额利润。那时，棉制品的需求量大幅增加，英国商人在西印度群岛种植棉花，运到英国港口附近加工成棉布后销往海外。这些棉制品也成为购买奴隶的资金，三角贸易给英国的棉纺织工业提供了原料供应和产品销售地，通过发展棉纺织工业积累的财富，也成为后来“工业革命”的资本来源之一。

不言而喻，奴隶贸易给非洲带来了无法挽回的悲剧和深重的灾难。

据估计，因为三角贸易，非洲有一千多万名青年男子被贩卖。运送奴隶的船为了极尽所能地提高效率，在狭窄的空间内尽数塞满黑奴。黑奴都被迫戴上锁链和镣铐剥夺自由，在环境肮脏恶劣的运输船内，因疫病与非人的虐待而相继死去。即使幸存下来到达了美洲大陆，等待他们的，也只有在新主人的奴役之下辛苦劳动的悲惨命运。贩卖奴隶带来的巨大利润，使黑奴又被叫作“黑檀”“黑金”等，但无论是对于奴隶贩子还是种植园的农场主，黑奴只不过是一种一次性的“商品”罢了。

在非洲，作为主要劳动力的青年男性被捕获贩卖到其他地方，导致非洲的生产活动停滞，所有产业发展均受到阻碍。与奴隶贩子勾结的部落首领虽然一时得到了财富，但邻近部落之间时常发生战争，导致他们的文化逐渐消亡。

由于三角贸易之路等原因的影响，非洲的许多国家直到今天仍未摆脱发展滞后的局面，处境艰难。

德雷克环球航行

16世纪，引领大航海时代的西班牙通过在新大陆和太平洋等世界各地建立殖民地，大力发展贸易并获得巨额财富。哈布斯堡王朝的国王腓力二世在勒班陀海战中击败奥斯曼帝国，掌握地中海霸权后还获得了葡萄牙的王位，西班牙迎来了被称为“日不落帝国”的鼎盛时期。

西班牙如日中天的优势地位是怎样被其他国家动摇的呢？这一切始于一个海盗进行的环球航行。

女王陛下的“私掠船”

“日不落帝国”西班牙能够在新大陆贸易中获得巨额利润，始于开拓了将新大陆出产的金银运回本国的“定期航线”。从玻利维亚高地的波托西银矿等地中开采出的白银，在太平洋的阿里卡港口装载上船，沿着秘鲁附近的海面北上，在巴拿马将其卸下后再度启航送往大西洋一侧。

船将白银运往加勒比海地区的物资聚集地——哈瓦那，在那里等待季风的到来，然后由配有护卫的西班牙运输船队横渡大西洋，运到西班牙。满载白银回到西班牙塞维利亚的船队被称为

“西班牙珍宝船队”，这支船队在全欧洲掀起了白银价格革命。不知不觉，这条与新大陆的定期航线已成为支撑西班牙帝国的“大动脉”。

就在西班牙讴歌它的繁荣时，英国在伊丽莎白一世的带领下迅速兴起壮大。英国不断推动毛纺织业发展，经济活跃，并且认同受前女王玛丽一世迫害的英国圣公会和新教信仰，带来了稳定的政治社会环境。在此背景下，英国开始着力发展贸易，以进军新大陆为目标。但当时新大陆的贸易权都掌握在西班牙征服者手中。

于是，英国盯上了西班牙的珍宝船队。英国女王承认海盗行为的正当性，让“私掠船”打劫珍宝船队并将掠夺来的部分财物上缴，并鼓励他们频繁攻击西班牙的船只和殖民地。后来拥有世界最强海军的英国当时力量还较为薄弱，只能委派民间船只破坏他国的通商贸易。法国和荷兰也采取这一手段，使得大西洋成为海盗恣意妄为的“狩猎场”。

从1520年开始，英国私掠船多次袭击在大西洋航行的西班牙珍宝船队。为捕获更多的“猎物”，私掠船向西班牙船只聚集的加勒比海进发。他们袭击停泊在哈瓦那等待的珍宝船队，将战利品的一部分献给女王。

憎恨西班牙的海盗德雷克

打劫西班牙的英国海盗为英国带来财富，不过当时他们并不被称为“海盗”，而是被叫作“海狗”。

“海狗”的代表性人物是海盗费朗西斯·德雷克。德雷克年轻时曾乘着远亲约翰·霍金斯的走私船，与其一起航海。霍金斯在西非买入黑奴，再以高价卖给新大陆的西班牙人，以此积累财富。1568年，霍金斯在墨西哥的圣胡安·德·乌略亚遭到西班牙舰队出其不意的毁灭性袭击。霍金斯和德雷克险些丧命，最后逃回英国，德雷克因此对西班牙深恶痛绝。

第一个完成环球航行的英国人——费朗西斯·德雷克。

1573年，德雷克恢复海盗身份后，率领私掠船在巴拿马成功抢夺了五万多英镑的白银，由此名声大噪。

1577年，德雷克开始第一次环球航行。据说，促使他进行环球航行的契机是在巴拿马看到了太平洋。当然，此次航行也有袭击西班牙海外殖民地的目的。伊丽莎白一世不仅颁给德雷克太平洋航行许可，还为他的航海活动出资。

德雷克的船队从大西洋南下，途中遭遇风暴等危险，在经过麦哲伦海峡驶向太平洋时，只剩下金鹿号一艘船。此前不知道德雷克要进行环球航行的船员一度发起叛乱，但德雷克毫不犹豫地处死了反叛者之后又继续航行。

德雷克以波托西银矿为目标，袭击了南美大陆太平洋一侧的瓦尔帕莱索、阿里卡等西班牙港口城市。继而向北行进，在圣弗朗西斯科附近捕获了西班牙的运输船——卡卡弗戈号，掠夺了将近

德雷克环球航行所驾驶的金鹿号，现存于普利茅斯。

18万英镑的金银。之后，德雷克船队一边不断袭击西班牙的殖民地，一边横渡太平洋。在马鲁古群岛装载大量香料后，从印度南面绕过好望角，经大西洋回到了英国普利茅斯，共耗时两年零九个月。此次环球航行是继麦哲伦环球航行后的又一壮举。

德雷克带回的财宝共计60万英镑。伊丽莎白一世作为资助者分得30万英镑。伊丽莎白一世利用这笔财富还清了外债，又从剩下的钱中划出约4.2万英镑投资黎凡特公司，以获得奥斯曼帝国的贸易垄断权。英国以经营黎凡特公司获得的利润为资本，成立了后来的东印度公司。也就是说，德雷克的环球航行奠定了英国取代西班牙成为“日不落帝国”的基础。

德雷克回国之后，伊丽莎白一世为其在船上举办庆典，并授

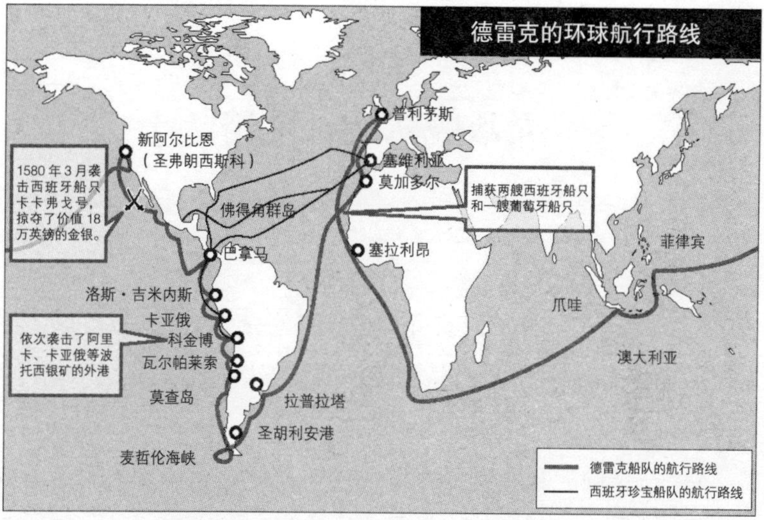

予他海军中将的职位以及“爵士”称号。颇为讽刺的是，据说在场人员除了英国政府高官，还有因德雷克遭受巨大损失的西班牙大使。

自此之后，伊丽莎白一世便非常器重德雷克，亲切地称他为“我的海盗”。后来，这位颇受器重的海盗，在致使西班牙衰落的海战中发挥了重要作用。

无敌舰队远征之路

一度称霸全世界的西班牙也迎来了衰落之时。其重要原因在于，西班牙与其曾经联手对抗法国的盟友英格兰之间关系恶化。

导致双方关系恶化的原因如下。

第一，英国的私掠船掠夺了西班牙在美洲大陆开采的黄金白银，而这些黄金白银是西班牙财政的重要支撑。遭英国掠夺后，西班牙经济陷入困境。第二，宗教因素。当时，西班牙国王腓力二世是虔诚的天主教信徒，但伊丽莎白一世将英国圣公会定为国家教会，使得两国在宗教方面产生隔阂。1587年，伊丽莎白一世将逃往英格兰的苏格兰女王、英格兰的王位继承者——玛丽·斯图亚特处死，同样加深了两国的对立。玛丽·斯图亚特是一位天主教信徒，伊丽莎白一世害怕英国国内的天主教势力推举玛丽担任女王，所以将其处死。腓力二世对此事表示强烈不满。第三，也是决定性的原因。1568年后，荷兰为从西班牙独立而发动独立战争，而英国在该战争持续二十多年后向荷兰提供了支援。荷兰是哈布斯堡王朝的领土，从中世纪开始就是毛纺织业发达的地区，也是西班牙的重要财源之一。

但是，该地区有很多新教徒（加尔文派），而西班牙则强制要求他们信仰天主教。奥兰治亲王威廉一世带领人们发起暴动。英格兰选择支持荷兰，并在1585年，英格兰议会决定向欧陆派遣军队救援荷兰。面对这样屡次针对西班牙的敌对行为，恼羞成怒的腓力二世毫不犹豫地向英格兰派出“无敌舰队”。

西班牙的战略目标是控制伦敦，将伊丽莎白一世赶下王位。

本应大获全胜的航海之行

接到腓力二世命令后，无敌舰队在里斯本集结，以20艘西班牙大帆船和四艘加莱赛战舰为中心组成了一支由130艘船组成的大规模舰队。其中，20艘西班牙大帆船拥有突出的航行能力，与之前的船只相比能装载的大炮数量更多、攻击力更强，是舰队的主力。舰队还拥有8000名海军以及19000名陆军。

1588年5月，无敌舰队在西多尼亚公爵阿隆索·佩雷斯·德·古斯曼的率领下从里斯本的港口拔锚起航，在拉科鲁尼亚短暂停留后，开始北上。途中遭遇的恶劣天气使船队举步维艰，当他们到达多佛海峡时已是7月。7月21日，无敌舰队在普利茅斯港与英格兰海军初次交战。无敌舰队海战爆发。英格兰海军的船只尽管多达170艘，但都是小型战舰。在战斗力上，西班牙处于绝对优势，这场远征的胜负似乎早已决出。

但是，英格兰舰队的副司令官是成功进行环球航行、久经沙场的海盗——弗朗西斯·德雷克。与开战前的预想完全相反，战争的主导权始终掌握在英格兰手中。英格兰战舰的火力较弱，无法将西班牙战舰一击即沉，但英格兰战舰搭载了远射程的长管炮，再利用小型战舰的机动能力，一边与西班牙舰保持一定距离，一边向西班牙战舰连续开炮，将其打到无法动弹。而西班牙海军的主要战术是肉搏，需要靠近敌舰才能施展，导致西班牙海军面对英国海军无从下手。

威尼斯画派巨匠提香绘制的腓力二世画像。

西班牙无敌舰队在首战中惨败，为了与帕尔马公爵的陆军部队会合以得到补给和援助，无敌舰队前往西班牙领地——尼德兰的敦刻尔克。然而次日便在波特兰角被英格兰舰队追上，无敌舰队仍采取之前的战术应战，毫无疑问地再次败北并遭受重创。

无敌舰队期盼与帕尔马公爵会合，他们穿过怀特岛抵达法国的加来港，但帕尔马公爵却因遭到荷兰独立派的封锁而未能派出援军。1588年7月28日晚，在加来港下锚的无敌舰队遭到八艘小型火船的攻击。毫无疑问，这是英格兰海军的“杰作”，也是德雷克、霍金斯等海盗惯用的作战方法。无敌舰队陷入一片混乱，德雷克率领舰队乘机进攻。一直没有得到充分补给的无敌舰队在弹药告罄后无法继续作战，以惨败告终。

为避免全军覆没，无敌舰队向北奔逃。

沉船众多的艰辛归途

一直得不到充足粮草补给的无敌舰队不断北上，绕过苏格兰北部从大西洋南下，经过爱尔兰西部驶向西班牙。祸不单行，途中他们又遭遇了大风暴。船上传染病蔓延，满身疮痍地回到西班牙桑坦德。此时已经是1588年9月22日，舰队也只剩67艘船，且其中半数无法再使用。

本应大获全胜的远征之路，却成为无敌舰队的“覆灭之路”。

从此之后，英格兰与西班牙的纷争持续了16年之久，在此期间，英格兰的私掠船每年从新大陆上掠夺的财富高达20多万英镑。国力进一步增强的英格兰在世界各地建立殖民地，逐渐成长为史上最强大的帝国。而在西班牙，由腓力二世兼任国王进行统治的葡萄牙发生叛乱，使得西班牙失去了对葡萄牙的统治权。荷兰在取得完全独立后，也快速成长为世界海洋大国，威胁西班牙的经济势力，并与英格兰一同成为海上霸权国家。

就这样，西班牙的军事、经济逐渐衰退，国家走向没落。无敌舰队的远征，成为“落日”的导火索。

《西班牙无敌舰队的覆灭》
菲利普·詹姆斯·德·劳瑟博格　画

帖木儿帝国创建之路

13世纪初期，成吉思汗统一各部族，铁蹄踏到东欧地区，东起日本海，西临地中海，横扫大半亚欧大陆。

14世纪中叶，占据中亚西土耳其斯坦的察合台汗国发生内乱，分裂为东西两部，一片混乱。曾移居至西土耳其斯坦的蒙古贵族之后帖木儿趁机崭露头角。1370年，帖木儿统一中亚河中地区，建立帖木儿王朝。成吉思汗征服撒马尔罕后，将此地化为废墟，后来帖木儿攻占该城，并定都于此。

虽然帖木儿是一名讲土耳其语的伊斯兰教徒，但他的目标是再现成吉思汗曾达成的荣光。因此，帖木儿在建国后的30年中不停远征。帖木儿征服了东察合台汗国、伊儿汗国、钦察汗国，入侵印度，甚至征战西亚，向小亚细亚进攻。

面对帖木儿的频繁征战，西亚诸国组成反帖木儿同盟以阻止其远征。结盟的成员国中，在小亚细亚崛起并迅速壮大的奥斯曼帝国成为帖木儿帝国的劲敌。1402年，于现今土耳其首都——安卡拉的近郊，帖木儿帝国与奥斯曼帝国开战。这就是“安卡拉之战”。战争以帖木儿帝国完胜，奥斯曼帝国的苏丹巴耶塞特一世被捕告终。帖木儿原本想将他押送到撒马尔罕，但巴耶塞特一世在得知此事后服毒自杀。

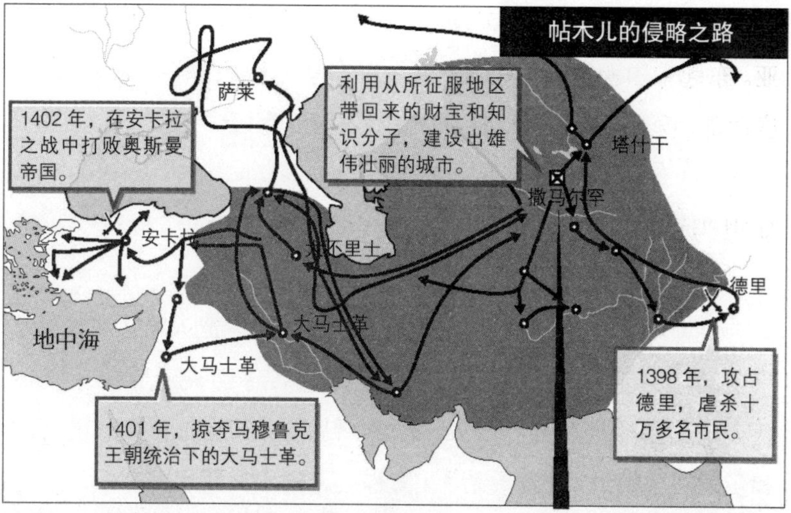

14 世纪，在中亚崛起的帖木儿势力希望再次统一蒙古帝国，不断侵略周边国家，1402 年，在安卡拉之战中打败奥斯曼帝国。

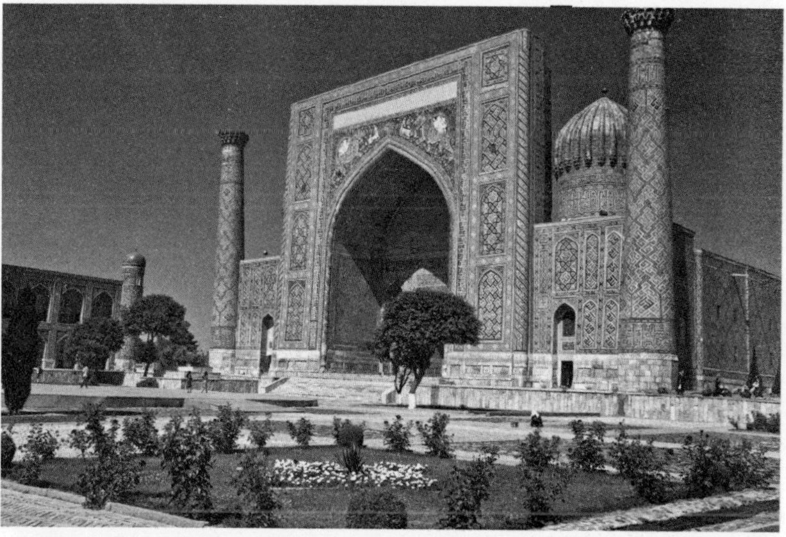

位于撒马尔罕的希尔·达尔神学院。帖木儿帝国的首都撒马尔罕聚集了来自被征服地区的工匠，他们把撒马尔罕变成了文化名城。

帖木儿帝国的远征范围很广，势力范围从中亚一直延伸到西亚。东起中国西部边境，西至地中海东岸，北到钦察高原，南达印度北部，仅靠一代帝王就征服了如此广阔的领土。

梦想“远征中国”，最后却走向死亡

帖木儿不容许有忤逆者的存在。对于最初就表示臣服的城市，只要交付保证金，帖木儿就不会破坏和掠夺，但谁若胆敢反抗他就会毫不留情地彻底镇压。据传说，帖木儿在无视劝降的巴格达和伊斯法罕两地，分别虐杀了十万和七万的士兵及居民。

另外，帖木儿非常重视其统治地区的经济活动，在大城镇建造市场鼓励交易。他还从征服的西亚城镇中将优秀的技术人员、艺术家、研究人员、知识分子带回首都撒马尔罕，动员他们建造大型清真寺、伊斯兰学校等。

撒马尔罕别名“蓝色之城”，因为城中到处都点缀着清真寺的蓝瓷穹顶。要说为何会有如此之多的蓝色穹顶，源自帖木儿对蓝色的偏爱。蓝色在伊斯兰教文化中代表洁净，有驱邪之意，或许也是帖木儿对其青睐的原因。

帖木儿既是无情的征服者，也是当时最先进的“帖木儿王朝文化”的缔造者。帖木儿将撒马尔罕变成伊斯兰世界的一大学术中心。他在不断向外扩张、延伸“远征之路”的同时，对内也在不断建设“文化之路”。从中亚到西亚，帖木儿创建了一个庞大的帝国，缔造了灿烂的文化。他终于要踏上谋划已久的远征中国之路。那是1404年11月，帖木儿68岁，而这次远征成了他人生中最后一次远征。

帖木儿帝国的20万大军从撒马尔罕出发，向明朝杀来。但是，1405年1月，在行进到中亚的讹答剌（位于现哈萨克斯坦境内）时，帖木儿身患重病，一个月后在此地去世。远征因帖木儿驾崩而终止，他的遗骸被运回撒马尔罕。帖木儿的一生中，一半以上的时间都在四处远征。

帖木儿帝国在帖木儿去世之后，分裂成撒马尔罕和赫拉特两个政权，势力减弱。撒马尔罕和赫拉特分别在1500年、1507年被中亚地区兴起的乌兹别克势力所灭。

1526年，帖木儿的后裔巴布尔远征印度，消灭了德里苏丹国，开创莫卧儿王朝。不久之后，莫卧儿帝国灿烂的伊斯兰文化在印度繁荣起来。

帖木儿开拓的远征之路和文化之路超越时代，延伸至印度。

横渡特拉华河

18世纪中叶，北美东海岸有13个英国殖民地。英国本土对这些地区实行宽松统治，在与法国进行殖民战争的同时不断发展这些地区的农业和工商业。

1755年，“法国印第安人战争”中英国打败法国，获得了加拿大、密西西比河以东的领土，确立了统治北美殖民地的优势地位。

英国征税引起殖民地不满

在英法争夺殖民地的战争中，殖民地民众曾积极支持英国。但英国在获得法国印第安人战争的胜利，解决法国的威胁后调整政策，改变其对殖民地的统治方式。除了加强控制外，还要增税以筹集用于战争和殖民地统治的费用。

1765年，英国决定在北美殖民地施行《印花税法案》，规定殖民地的报纸、小册子、证券、扑克牌等必须贴上印花税票。对此，殖民地以英国本土的议会中没有殖民地的议员代表为由，对英国货币进行联合抵制，要求废除该法案，但是英国企图增加殖民地税收的方针并未改变。

1773年，英国本土制定了《茶税法》，规定半官方性质的东印度公司可以直接将茶叶销往殖民地，免除从英国出口时的税收，这使得东印度公司垄断了殖民地的茶叶贸易。终于，殖民地人民的怒火爆发了。12月16日晚，激进派伪装成印第安人，进入波士顿港口袭击东印度公司的船只。他们将342箱红茶倒入海中，这就是著名的“波士顿倾茶事件”。

英国本土的荒唐要求导致北美殖民地民众追求独立的氛围高涨。1775年4月，殖民地民兵和英国军队在莱克星顿和康科德发生暴力冲突。这次冲突成为美国独立战争的开端，1776年7月4日的大陆会议，通过了托马斯·杰斐逊起草的《独立宣言》。

殖民地民兵改名为大陆军，由乔治·华盛顿担任总司令，向企图阻止美国独立的英国军队发起挑战。

在对独立满怀希望的大陆军中，实际上有很多都是民兵，他们是端着自己的枪聚集起来的农民和商人，并没有接受过正规的军事训练。因此华盛顿为避免发生生死决战，采取了游击战术，偷袭敌人漫长的补给线，巧妙地将英国军队玩弄于股掌之中。但在英国军队的援军到来后，华盛顿只能节节退败。1776年12月，纽约失守，大陆军兵力损失了三分之二。

“渡河作战”扭转战局

英国军队占领纽约之后，认为胜券在握，于是不再追击大陆军，开始安营扎寨，准备过冬。这时，华盛顿敏锐地捕捉到了胜机，美国独立战争走上反攻之路。

1776年12月25日夜，华盛顿秘密渡过特拉华河后，先偷袭了驻扎在新泽西州特伦顿的德国雇佣军部队，迫使他们投降。1777年1月3日，又在普林斯顿击败了慌忙南下的英国军队。长期处于劣势的大陆军在这次横渡特拉华河的偷袭作战中，取得了“局部胜利”，一举扭转了颓靡士气，成功将殖民地的首都——费城从英国军队的压迫中解放出来。这次偷袭作战，成为逆转战争局势的契机。

这幅画生动地描绘了美国独立战争中的英雄——华盛顿的英姿。《华盛顿横渡特拉华河》（埃玛纽埃尔·洛伊茨画）

1777年10月，大陆军又在纽约州东北部的萨拉托加击败了正在南下的英国军队。陆军在萨拉托加战役中获得胜利，这使得一直犹豫是否参战的法国下定决心与殖民地一方结盟。在波旁王朝开始提供镌刻着百合花纹饰的枪支后，战争局势真正开始倾向大陆军。甚至连西班牙、荷兰也开始支援大陆军，俄国则提倡结成武装中立同盟，英国被孤立，而大陆军在国际形势中占据了优势地位。

1781年，英国军队侵占了弗吉尼亚州的约克镇。但是，约克镇地处弗吉尼亚半岛的前端，英军反遭大陆军和法国军队的包围。受法国海军炮击的英国军队宣布投降。至此，美利坚合众国的独立成为定局。1783年，美英双方签署《巴黎条约》，正式承认了美国的独立地位。

美国独立战争中的重要战场——莱克星顿和康科德古的民兵塑像

1787年，费城召开美利坚合众国制宪会议，华盛顿担任议长，会上通过了《美利坚合众国宪法》。1789年4月，华盛顿就任美国第一任总统。华盛顿连任两届总统后遵守宪法约束，尽管人民希望他继续担任第三届总统，但他还是毅然辞去总统职务回到故乡。

面对英国的蛮横专断，殖民地民众举起枪，历经苦战后最终获得独立。华盛顿决定横渡特拉华河成为“反击之路”的开端，现在亦成为美国生生不息的建国精神之基。

路易十六出逃之路

在美国独立战争中，英国战败的关键就在于法国参战。虽然法国成功削弱了英国的势力，但是高昂的战争经费榨空了国库，造成法国财政困难，作茧自缚。

路易十六与国民议会的对立

18世纪中叶，法国实行王政，国王拥有至高无上的权力。路易十四时期，频繁的战争、宫廷的浪费、贵族的退休金问题等使法国财政情况不断恶化。1774年，担任国王多年的路易十五去世，20岁的路易十六即位。路易十六在王兄意外去世后才被立为王储，也未接受过如何担任帝王的充足教育。他并不关心国事，而且资质平庸、优柔寡断、缺乏能力。不过，即使国王如此，但如若法国内部形势稳定，只要有着亲信支持，也能维持国政安稳。

不过，法国在支援美国独立战争时耗费了巨额的战争经费，带来严重的财政危机。政府为摆脱危机，欲向拥有免税特权的贵族和教士征税。这遭到贵族的强烈抵制，还要求召开由教士、贵族、平民三阶级代表组成的三级会议，试图加强对王权的限制，从而避免被征税。1789年，凡尔赛召开了全国三级会议，各方代表对会

法国大革命进程

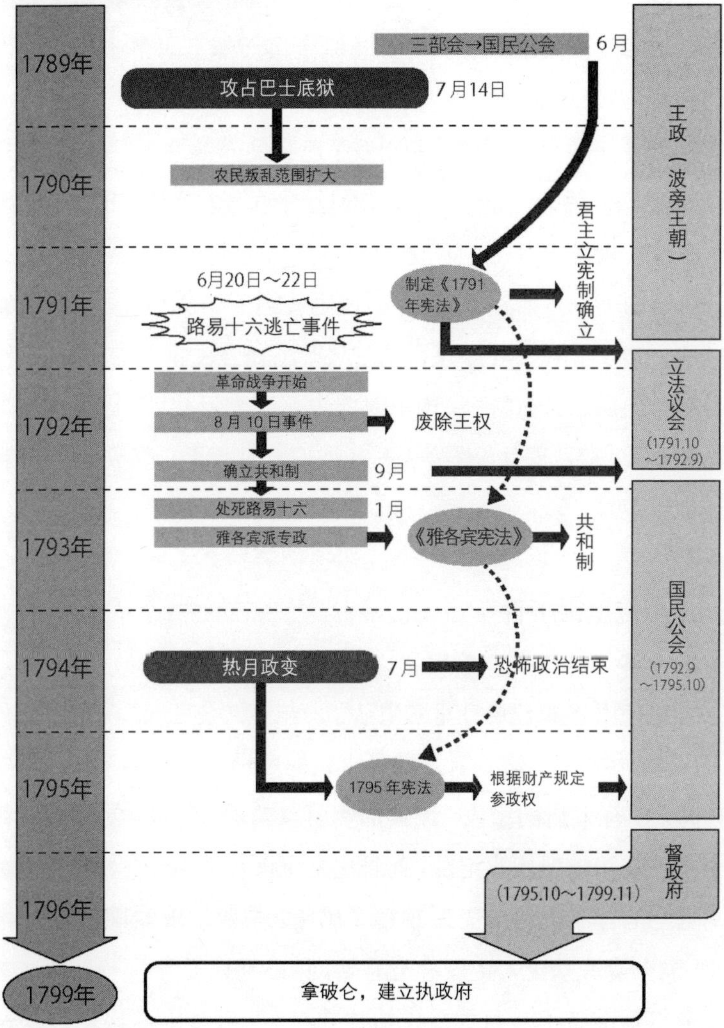

1789 年，法国大革命爆发，各方政治势力斗争激烈，你方唱罢我登场，推动着法国大革命的进展。此时，路易十六逃亡成为国民废除国王的关键因素。

议内容产生分歧，平民代表组成了一个独立于三级会议的“国民议会”。但是，路易十六下令关闭议会，愤怒的平民代表聚集在凡尔赛宫旁边的网球场，宣誓称，“如不制定出一部王国宪法并实施，绝不解散”。这就是著名的“网球场宣誓”。

试图进行武力镇压的国王引发了巴黎民众的暴动。1789年7月14日，想要获得弹药武器的民众袭击巴士底狱，控制了巴黎。法国大革命就此爆发。

暴动的消息传播到各地后，农民也相继开始暴动，法国革命氛围高涨。1789年8月26日，议会通过《人民和公民权宣言》（《人权宣言》），废除了封建特权。国王对此表示强烈反对，于是民众涌向凡尔赛宫，“十月事件”爆发。王室被迫迁往巴黎，制宪议会也随之迁向巴黎。

“路易十六出逃事件”

王室在巴黎的杜伊勒里宫生活了一年零八个月。就在宪法公布前，王室企图逃亡。策划者是路易十六的奥地利籍王后玛丽·安托瓦内特，还有王后的密友、瑞典的费尔森伯爵。玛丽·安托瓦内特随意干涉政治招致国家混乱，而且生活上奢侈无度，成了民众憎恨的对象。抱有危机感的王后说服了国王，与费尔森共同策划逃跑计划。费尔森花费了大量资金与筹款，精心制订了逃亡计划。

费尔森准备了一辆六驾式柏林式马车，对外宣称这是贵族长途旅行的个人马车。这辆马车载着国王王后、王妹、王储公主等王室成员逃出巴黎。安托瓦内特主张离开法国，到瑞士或者比利时去避难，在取得奥地利军队支援后再回法国夺取政权。但是，向来优柔寡断的路易十六拒绝逃亡国外，想要离开巴黎前往保皇党势力较强的地区后进行反击。

于是，为了选择一个远离巴黎又地处国境附近的安全城市，他们决定前往靠近奥地利所属领土比利时的法国东部城市——蒙梅迪。此时共有两条备选路线，一条是从巴黎出发，沿着笔直的大路前进，经过兰斯的北线；另一条是经过沙隆和瓦雷纳绕远路的南线。经讨论，他们认为国王曾在兰斯举行加冕典礼，当地知晓国王相貌的人可能较多、风险较高，最终选择了南线。

1791年6月20日，凌晨三点王室成员各自逃出寝宫，乘上马车，朝着约280千米之外的蒙梅迪前进。王室成员佯装成要返回俄国的俄国贵族科尔夫男爵夫人，照顾王太子的女仆扮成科尔夫男爵夫人，公主与王储扮成其女儿，王妹扮成科尔夫男爵夫人亲戚的女儿，国王扮成管家，王妃则扮成女仆，六个人同乘一辆马车。由费尔森担任马车夫。

王室一行以为他们已经踏上光荣复兴之路，一个半小时后，在驿站和女官的轻便马车会合。马车在途中的驿站多次更换马匹，走过恬静的农村地区，就连被认为此行中最大难关的革命派根据地沙隆也于下午四时安全通过。之后的主要驿站均有准备护卫人员，于是王室一行放松了警惕。可是，就在离蒙梅迪仅有咫尺之遥的瓦雷纳，王室身份暴露并被押送回巴黎。

在瓦雷纳暴露身份后被捕的国王一家。中间是王后玛丽·安托瓦内特。

失望和愤怒——坠落的王权

逃亡失败后，瓦雷纳出逃之路成为王室通向死亡之路。人民对背叛国民的国王感到十分失望与愤怒，国王丧失了权威。自此，人民开始对王政是与非的激烈讨论。

普鲁士、奥地利等国结成反法同盟，干涉法国大革命。法国与反法同盟战争的战况稍有好转，革命势力却已大大增强，将王权废除，王室遭到软禁。1792年9月，法国发表共和制宣言；次年1月，国王路易十六遭公开处刑。国民议会中获得民众支持的激进派——雅各宾派加强独裁统治，接连不断地处死有反革命嫌疑的人，王后玛丽·安托瓦内特也被送上了断头台。路易十六出逃事件的失败，宣告了法国绝对王政的终结。

第四章　世界扩大之路

——解读塑造当代格局的近代七条霸权之路

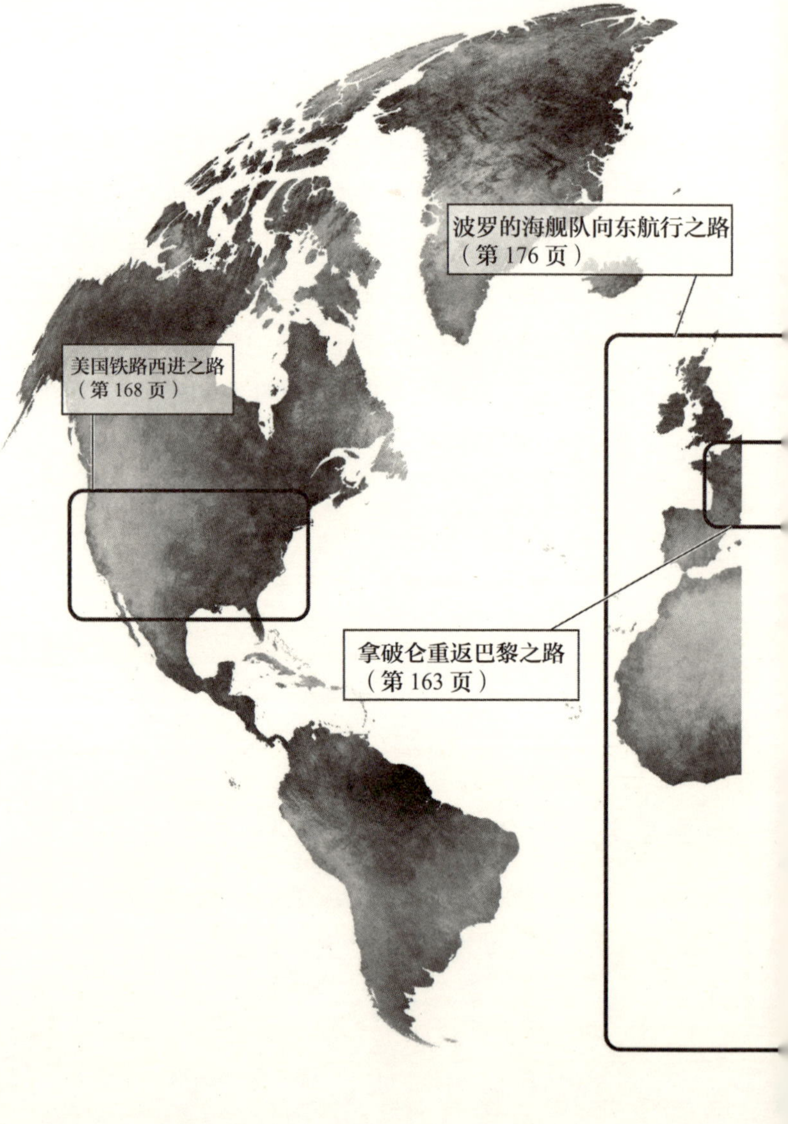

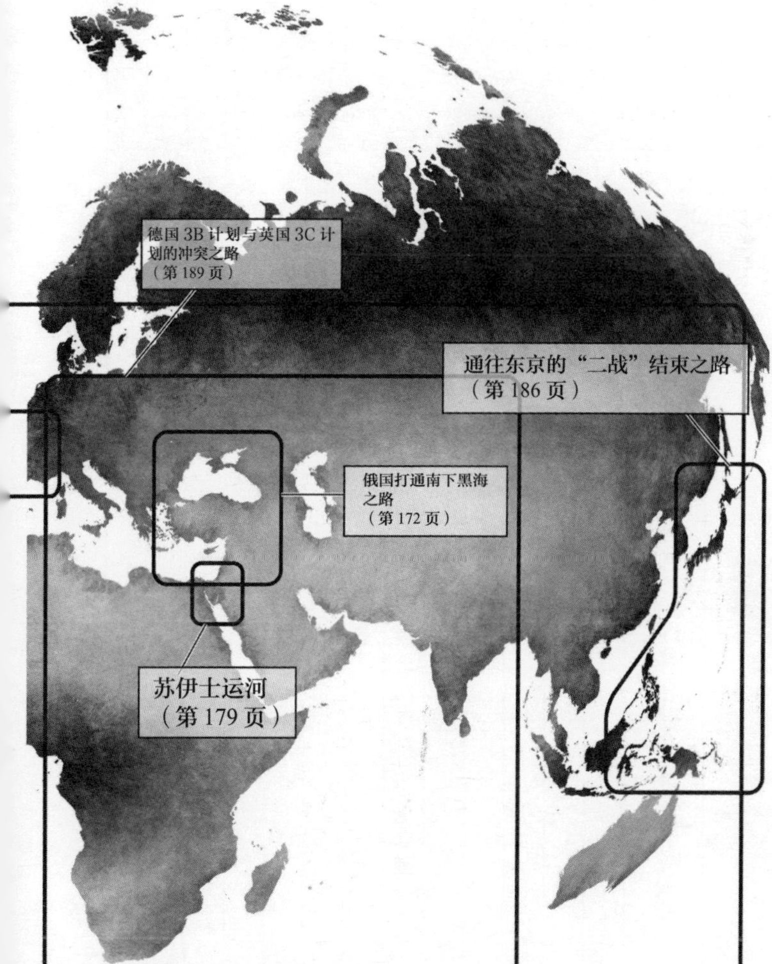
德国 3B 计划与英国 3C 计划的冲突之路
（第 189 页）
通往东京的“二战”结束之路
（第 186 页）
俄国打通南下黑海之路
（第 172 页）
苏伊士运河
（第 179 页）

年　代	历史事件
1799年	法国爆发雾月政变，拿破仑成立执政府。
1804年	拿破仑加冕称帝。同一年，《拿破仑法典》颁布。
1806年	神圣罗马帝国解体。
1812年	拿破仑远征俄国失败。
1814年	拿破仑退位，维也纳会议召开。
1815年	拿破仑兵败滑铁卢，被流放到圣赫勒拿岛。
1830年	法国发生七月革命。
1840年	英国向清朝挑起鸦片战争。
1848年	法国发生二月革命。
1851年	清朝兴起太平天国运动。
1853年	奥斯曼帝国、英国、法国三方与俄罗斯帝国之间爆发克里米亚战争。
1861年	美国爆发南北战争。
1869年	意大利王国建立。
	亚历山大二世颁布农奴解放令。
	美国的太平洋铁路建成通车。
1871年	普鲁士在普法战争中取胜，建立了德意志帝国。
1875年	英国收购苏伊士运河股份。
1894年	中日甲午战争爆发。

1945年	日本接受《波茨坦公告》，第二次世界大战结束。
1941年	太平洋战争开始。
1939年	德国进攻波兰，第二次世界大战爆发。
1938年	慕尼黑会议召开。
1937年	卢沟桥事变爆发，日本全面侵华开始。
1936年	西安事变爆发，第二次国共合作实现。
1933年	希特勒内阁成立。
1931年	九一八事变爆发。
1930年	伦敦海军会议召开。
1929年	世界性经济大萧条开始。
1922年	苏联成立。
1919年	凡尔赛和约签订。
1917年	俄国爆发二月革命和十月革命。
1914年	萨拉热窝事件发生，第一次世界大战爆发。
1911年	中国爆发辛亥革命。次年，中华民国成立。
1904年	日俄战争爆发。次年，对马海峡海战爆发。
1903年	俄国侵占东三省。
1900年	义和团运动兴起。
1898年	清朝发生戊戌政变。
	美国在美西战争中获胜。

拿破仑重返巴黎之路

大革命后的法国，各方势力混乱交替。出生于科西嘉岛的军人拿破仑靠建立军事独裁政权，为革命的动乱画上休止符。

拿破仑平息内乱，远征意大利、击退奥地利等战功树立了威信。远征埃及时，他得知法国督政府失去了国民支持，便迅速回国领导雾月政变。1799年，拿破仑建立执政政府，开始了军事独裁统治。此后，他一方面对内着力改革，在稳定国内局势上留下大量实绩，如创立中央银行、颁布《拿破仑法典》等；另一方面，他对外再次击败奥地利，立下赫赫战功。1804年，拿破仑加冕称帝。此后，拿破仑积极扩张法国领土，使法国一度称霸欧洲大陆，成为英国外的欧陆霸主。

然而，拿破仑的扩张行为引起了其他欧洲国家的强烈戒备。

1812年，拿破仑远征俄国失败，次年又在对抗普鲁士、奥地利、俄罗斯三国联军的莱比锡战役（亦被称为“民族之战”）中败北，被迫退位并被流放到厄尔巴岛。

画作《枫丹白露的诀别》，描绘了拿破仑前往厄尔巴岛时与亲信和近卫军告别的场景。
霍勒斯·韦尔内绘制，凡尔赛美术馆藏。

拿破仑尝试东山再起

1814年9月，为了重新划分拿破仑失势后的欧洲领土范围，整顿混乱局面，奥地利帝国、英国、普鲁士、俄罗斯帝国、法国等国首脑齐聚维也纳，由奥地利外长梅特涅担任会议主席，组织召开维也纳会议。由于各国间存在利益冲突，矛盾重重下难以达成一致意见。尤其是围绕俄罗斯帝国与普鲁士要求扩张领土等问题，会议几近破裂。尽管会议毫无进展，但其间却接连举办舞会，因此有人讥讽说："会议毫无进展，会议在跳舞。"

拿破仑失势后，法国开始“王政复兴”，波旁王朝复辟，路易十六的弟弟路易十八登基成为法国国王。但是法国民众对企图扩大王权的保皇派日渐不满。身处厄尔巴岛的拿破仑密切注视着法国局势，而希望他复权的密使也从巴黎赶到厄尔巴岛。拿破仑认为时机成熟，决定逃离厄尔巴岛东山再起。1815年2月26日晚，他乘军舰逃离了厄尔巴岛。3月1日下午，率领约1000名士兵在法国戛纳登陆。拿破仑从此处开启了重返巴黎的“东山再起之路”。他们避开保皇派势力强大的普罗旺斯州，选择阿尔卑斯山山脉西侧，海拔1000米的冬季山路，并以每天50多公里的速度北上，向拥有大量武器弹药的格勒诺布尔进发。

3月7日，拿破仑主力部队在格勒诺布尔附近的拉米尔村与国

《拿破仑重返巴黎》。士兵们簇拥到拿破仑周围，庆祝他重返巴黎。

王军对峙。拿破仑胸佩法国荣誉军团勋章，走到持枪严阵以待的敌军阵列前，向士兵们大呼："我是你们的皇帝。如果你们之中有人想杀死自己的皇帝，就开枪吧，我在这里。"据说，听完这番话，所有士兵高呼着"国王万岁"，并相继簇拥到他身边。紧接着，其他联队也都陆续归顺于他，市民也支持拿破仑。当天，拿破仑兵不血刃地攻下城门，成为他东山再起的分水岭。

拿破仑将守卫部队和国王派来镇压的部队不断纳入麾下，一路北上。13日，拿破仑军进入里昂；18日，在欧塞尔降服拿破仑原部下、讨伐军司令米歇尔·内伊。见此情形，20日天未亮，惊慌失措的路易十八便逃离巴黎。同一天夜里，拿破仑被民众扛在肩上入主杜伊勒里宫，受到市民的热烈欢迎。刚登陆法国时还被视为叛乱者的拿破仑，仅用了20天便完成了"凯旋巴黎之路"。

"万般无奈的妥协"之中建立的战后秩序

欧洲各国对拿破仑重返巴黎怀有危机感。为讨伐拿破仑，维也纳会议需要各方尽快妥协达成一致。维也纳体系是欧洲各国一致同意在"正统主义"（即承认法国大革命之前的体系）与势力均衡原则下重新分割欧洲势力范围的产物。1815年3月13日，会议将拿破仑定性为"歹徒"，并决定军事占领法国。

而拿破仑方为保卫法国防卫积极整顿军备，但市民对他的支持并没有持续多久。他们对没有进行大胆改革感到失望，再加上值得拿破仑信赖的人才稀缺，他已不可能再恢复往日的权力和威势。拿破仑为维护自己的地位只有不断地在战场上取胜。但是，面对早已做好万全准备的欧洲各国，拿破仑在滑铁卢战役中败北，再次被迫退位，随后被流放到大西洋上远离欧陆的一个孤岛——圣赫勒拿岛，并在那里度过余生。

颇为讽刺的是，拿破仑为东山再起而孤注一掷地重返巴黎，再次煽起欧洲各国对法国的恐惧，并促成各国联合织成“法国包围网”。维也纳会议之后，欧洲诞生了一种保守的反动体制，它扼杀了拿破仑播撒到欧洲各国的自由主义与国民主义的种子。

美国铁路西进之路

美国脱离英国殖民地身份独立后，通过不断向西扩张拓展疆土，到19世纪中叶，国境线已至太平洋沿岸。此时，解决大西洋和太平洋之间的交通问题变得越发重要，而美国选择了兴建当时还属新兴事物的铁路。

铁路的优势已经广为人知，美国东部也早已铺设了铁路。

1814年，英国的史蒂文森受蒸汽机的启发，发明了世界上第一台蒸汽火车头，并于11年后的1825年投入使用，铁路应运而生。1830年，连接利物浦与曼彻斯特的线路建成通车，铁路为英国的飞跃式发展提供了巨大动力。

当时，英国的主要商品——棉纺织物已经实现了大规模生产，接踵而来的问题便是如何运输。此前，英国主要通过运河漕运，但运力的发展远远赶不上生产速度。因此，在物资运输枢纽利物浦港与棉纺织物的主要加工城市曼彻斯特间，建起一条只需一小时便可抵达的铁路势在必行。铁路让快速运输大量商品成为可能，英国因此在与他国的竞争中取得了压倒性的优势，其生产的棉纺织物席卷了世界市场。铁路成就了英国的工业革命，也为推动英国成为世界工厂提供了巨大动能。

南北战争爆发，太平洋铁路计划被迫搁置

美国也早有人意识到铁路的重要性。随着美国西部大开发，人们将视线聚焦于美国东部铁路网向西扩展，试图建设一条横贯美国大陆的铁路。1849年，纽约的布匹商人惠特尼进行了一项关于横贯大陆铁路的实地调查，出版了一本名为《连接太平洋的铁路计划》的宣传册，唤醒民众对建设连接太平洋与大西洋铁路必要性的认识。

1861年，林肯就任美国总统。他早就对铁路这一新兴的交通方式抱有强烈兴趣，就任总统后越发感到开发较早、相对富裕的东部地区与被荒漠和落基山脉分隔的西部及西海岸地区的隔阂，深刻认识到建设横贯大陆铁路对巩固联邦团结的重要性。1862年，美国为此通过《太平洋铁路法案》。

不过，当时出现分裂危机的不是美国东西部，而是南方与北方地区。北方城市工商业发达，而南方以棉花种植等农业为主，种植园大量存在。产业构造的差别造成了南北的巨大差异与分歧。因此，南北在黑人奴隶问题上产生了严重对立。为保证充足的自由劳动力，北方各州将废除奴隶制提上议程；而与之相对，南方的种植园产业则非常依赖奴隶制，主张维持蓄奴制。双方就此对峙，互不相让。

1820年，双方签订《密苏里协定》，以南北为界划分了自由州和蓄奴州，但北方各州要求全面废除奴隶制的呼声越来越高。1861年，支持北方废奴政策的稳健派人士派林肯出任总统，引起南部11州的不满，它们公开表明脱离美利坚合众国，并建立美利坚同

盟国。自此，美国南北分裂。同年，南北战争以南部军队攻打萨姆特要塞为标志打响。林肯总统为了避免国家分裂，决定展开坚决反击。

在爱德华·李将军的带领下，南部军队曾一度取得优势，但由于经济实力和海军力量对比悬殊，南方势力终究不敌北方。1865年，在双方伤亡之和达60万人后，这场战争以北方的胜利宣告终结。

由于战争影响，太平洋铁路建设一度搁置，但北方军队在通信、运输等方面活用既存的铁路路网。因此，这场战争也被称作最早的“铁路战争”，被视为近代战争的先驱。

美国再次统一的支柱

南北战争更加坚定了林肯总统建设铁路的决心，迅速投入建设这条早已通过法案的铁路。

横贯大陆铁路的东部为太平洋联合铁路，负责修建从内布拉斯加州奥马哈到夏安的线路；西部为加利福尼亚州的中央太平洋铁路，负责修建从萨克拉门托到里诺的线路。最初的设想是十年完工，但因建设时充分应用了南北战争时军用铁路积累的技术，完工速度远超出预期。

1869年5月，仅仅花费四年，这条横贯北美大陆的铁路就在犹他州的普罗蒙特利完成接轨。同年5月10日，在同一地点举行了通车仪式，作为象征，仪式中钉下了整条线路的最后一颗道钉。

普罗蒙特利举行通车仪式。

自此，美国的西部与东部通过铁路连为一体。铁路取代大篷马车成为新的交通动脉，加快了美国开发西部的步伐。由于具备了快速运输大量商品的能力，美国实现了经济的飞跃式发展，在工业领域急速成长。19世纪末，美国成为世界第一工业大国。

当美国还未从南北战争的创伤中走出，横贯大陆铁路的建设可以称为美国的转折点。它将美国的东部与西部相连，为一度分裂的美国带来了再次统一的机会。可以说，这条铁路促进了西部开发进程，为美国成为世界经济大国立下功劳，也为美国后来在20世纪成为霸权国家奠定了基础。

俄国打通南下黑海之路

17世纪末，为向西欧出口谷物，俄国从彼得大帝时代就开始寻找黑海通往地中海的航道，采取了向南扩张领土的“南下政策”。

通往黑海的路被强大的奥斯曼帝国统治。因此，在约两个世纪里，沙皇俄国一边与奥斯曼帝国展开攻防战，一边南下开辟通往地中海的出海口。

早在女皇叶卡捷琳娜二世执政时期，沙皇俄国便通过两次俄土战争夺取了黑海北岸的克里米亚半岛。在奥斯曼帝国境内，博斯普鲁斯海峡和达达尼尔海峡将黑海与爱琴海相连。1812年，为获得这两个海峡的自由航行权，俄国趁希腊独立战争之际与英法两国共同支持希腊。获得胜利后，俄国与奥斯曼帝国签订了《阿德里安堡和约》，将势力范围扩大至巴尔干半岛，并获得了在上述两个海峡自由航行的权利。

英国担心东地中海落入沙皇俄国之手便横加干涉，会同五国[1]与沙皇俄国签订了《伦敦海峡公约》，妄图实现黑海海峡中立化，沙皇俄国的南下政策暂时受挫。

1　五国分别为：英国、奥地利、普鲁士、法国、奥斯曼帝国。

克里米亚战争战败与俄土战争

不言放弃的俄罗斯再次策划南下。恰逢奥斯曼帝国日渐衰落，埃及总督穆罕默德·阿里发起从奥斯曼帝国独立的战争，而欧洲列强介入了这场纷争。

1853年，俄国沙皇尼古拉一世企图借中亚混乱之机，以保护希腊东正教徒的名义与奥斯曼帝国开战。但是，英法及撒丁王国唯恐沙俄对其印度贸易路线造成威胁，决定支援奥斯曼帝国。于是，以克里米亚半岛为战场的克里米亚战争爆发了。

沙皇俄国产业革命的步伐落后于英法，俄军与装备精良的英法联军相对，只有旧式武器，因而陷入苦战。最终，沙皇俄国仰仗的黑海舰队被围困，经过一年多的攻防战依旧战败。1856年，沙皇俄国签订《巴黎和约》，黑海成为中立地区，俄军被迫从黑海撤出全部舰队。自此，俄国的南下政策化为泡影。为实现近代化，沙皇俄国颁布了解放农奴等法令。

1877年，俄方再次发动攻往奥斯曼帝国的战争，俄土战争爆发。沙皇俄国在英国等国家参战之前迅速取得胜利，签订《圣斯特法诺和约》，迫使奥斯曼帝国承认塞尔维亚、门的内哥罗、罗马尼亚等巴尔干半岛国家独立。之后，沙皇俄国建立大保加利亚公国，其版图北起多瑙河、南至爱琴海，并通过占领大保加利亚公国绕过克里米亚，经巴尔干半岛通往地中海。

英国和奥地利对此表示强烈反对，并于同年召开柏林会议，使保加利亚公国领土大幅缩小，切断了俄国同爱琴海的联系。

俄国一心向东扩张

俄国沙皇亚历山大二世的南下政策被英国阻碍，于是放弃了经由奥斯曼帝国南下的策略，将扩张的矛头转向东亚。

沙皇俄国利用黑龙江水路，趁清朝混乱之际，于1858年强迫清朝与其签订《瑷珲条约》，占领黑龙江以北；1860年，又签订《北京条约》占领乌苏里江以东。俄国利用其占领的辽阔疆域，不直接与英国发生利益冲突，并沿太平洋一侧南下扩张，在鄂霍茨克海沿岸的符拉迪沃斯托克（海参崴）开辟港口，以此作为侵略东亚的据点。1855年，沙皇俄国与日本签订《日俄通商条约》。1861年，沙皇俄国试图占领日本对马。此外，沙皇俄国还向中亚扩张。截至1876年，沙皇俄国先后吞并了西土耳其斯坦的希瓦、布哈拉、浩罕三汗国。

在其扩张侵略的进程中，沙皇俄国开始策划进攻中国东北地区及朝鲜半岛。

此前，日本与朝鲜宗主国清朝之间爆发中日甲午战争，强占朝鲜半岛。但是沙皇俄国从未放弃侵略的野心，1904年2月，沙皇俄国与日本发生武装冲突。

沙皇俄国的南下之路旨在逐步开拓“通往地中海的出海口”，在19世纪引发多次战争。在沙皇俄国入侵东亚之际，日俄战争爆发。

附表　俄国南下政策的相关年表

1821～1829年	希腊独立战争。	
1829年	阿德里安堡和约→俄国获得黑海、博斯普鲁斯海峡、达达尼尔海峡的自由航行权。	南下
1831～1833年	第一次土埃战争。	
1839～1840年	第二次土埃战争。	
1841年	伦敦海峡公约→公约规定，博斯普鲁斯和达达尼尔两海峡中立化，在和平时期禁止外国军舰通行，令俄国南下受挫。	受挫
1853～1856年	克里米亚战争。	
1856年	巴黎和约→和约规定保证土耳其领土完整、黑海中立化，令俄国通过两海峡南下的政策严重受挫。	受挫
1858年	瑷珲条约→俄国令中国割让外兴安岭与黑龙江之间的土地。	南下
1860年	北京条约→俄国获得沿海州。	南下
1873年	布哈拉汗国与希瓦汗国成为俄国的保护国。	南下
1875年	吞并浩罕汗国。	南下
1876～1878年	俄土战争。	
1878年	圣斯特法诺和约→罗马尼亚、塞尔维亚、门的内哥罗三国完全独立，保加利亚成为自治领，使俄国势力扩大到巴尔干半岛。 柏林条约→废除了圣斯特法诺和约，俄占保加利亚领土面积缩小，通过巴尔干半岛扩张的南下政策受挫。	南下 受挫

波罗的海舰队向东航行之路

“黑船事件”促使日本打开国门，并在历经16年的动乱后完成了向现代国家的蜕变。不久，日本建立了近代国家体制，拥有了近代化的军队，拉开了对外扩张的序幕。

沙俄南下与日俄战争爆发

沙皇俄国放弃南下至东地中海，将其矛头指向东亚，企图将东三省、辽东半岛以及朝鲜半岛划为自己的殖民地。

1900年，沙皇俄国作为八国联军之一镇压义和团运动，就此驻扎在东三省，并积极扩张军备，向朝鲜半岛虎视眈眈。日本企图阻止沙皇俄国，两国之间的冲突已一触即发。但是，日本陆军兵力仅有100万人，而沙皇俄国达200万人，其财政收入也大约是日本的六倍。无论是经济实力还是军事实力，日本都处于劣势。因此，日本在1902年与英国结盟，支援受沙皇俄国压迫而在各国爆发的反俄民族运动，一边扰乱敌人后方，一边为攻打沙皇俄国做准备。

1904年2月6日，日本偷袭停泊在仁川港的沙俄军舰，并于9日先发制人，突袭沙俄控制的旅顺军港，掀开日俄战争的序幕。

不可避免的对马海战

1904年10月，沙皇俄国决定派遣波罗的海舰队组成第二太平洋舰队前往旅顺增援。这就是后来决定了日俄战争走向的波罗的海舰队前往对马海战的路线的开端。此时，英日同盟发挥了重要作用。英国帮助日本阻止波罗的海舰队主力取道苏伊士运河，唯有沿着非洲南下绕过好望角，进入印度洋、太平洋，几乎横渡半个地球才能到达旅顺，消耗了俄军大量的人力物力。

就在波罗的海舰队前往增援的途中，沙俄旅顺舰队被日本歼灭，沙皇俄国内部还发生了“流血星期日”等事件，局势动荡、人心惶惶。10月15日，波罗的海舰队从里堡港启航。此后，英国不断阻挠波罗的海舰队航行，被记录于舰队司令罗杰斯特文斯基的日记中。1905年4月，舰队经艰难航行停靠在法属的印度金兰湾，整顿后于5月再次启航。蓄势待发的日军却失去了波罗的海舰队的消息，日本判断丢掉旅顺港的波罗的海舰队定会前往海参崴，因此决定在其航线上进行伏击。

为此，日军必须掌握波罗的海舰队的航线。可预料到的航线有三条，分别为津轻海峡、宗谷海峡或对马海峡。日本不能将军队分散在三个地方，于是便在位于中间位置的朝鲜海峡镇海湾隐蔽待机。也有一说是日本联合舰队司令东乡平八郎综合各种情况判断，确信波罗的海舰队将前往对马海峡。波罗的海舰队迟迟不见踪影，日军焦急万分。1905年5月26日，传来了沙皇俄国舰队的运输船已驶入上海附近的消息。从地理角度考虑，波罗的海舰队从上海绕回太平洋的可能性很小，极有可能经过对马海峡。

日军利用无线电及侦察活动，在查明波罗的海舰队航向上发挥了关键作用。

1888年，德国物理学家赫兹发明无线电，日本海军迅速引入使用并配备了通信中转舰，构筑了连接对马与本土的海底电缆等广泛的通信网。

1905年5月27日，凌晨4时40分，侦察舰“信浓丸”传来首报，“疑似发现敌舰，将前往203巡察”。日本一方立即下令全军出动，联合舰队向对马海峡进发。在对马海峡附近，日本巡洋舰接近了波罗的海舰队，将俄方队形、实力、位置以及航向等信息源源不断地传送给海军指挥官，因此事前便已得知苏俄海军舰队的情况。而波罗的海舰队为避免无线电被监听屏蔽了电磁波，在看到日本联合军舰之前对敌情一无所知。下午1点39分，南下的日本联合舰队遭遇北上的波罗的海舰队。在距离敌舰接近至8000米时，日本联合舰队采取了有违常规的“敌前大回头”战术，以“T”字横头截断波罗的海舰队的航线，压制敌方舰队的排头，集中火力猛攻敌方领头旗舰，也就是“丁字战法”。

由于日本联合舰队只能在波罗的海舰队面前直接转向，过程中受到波罗的海舰队的猛烈攻击。在完成转向后，日本联合舰队的第一舰队与第二舰队对波罗的海舰队领头军舰集中发起炮击，将其军舰相继击溃。

对马海战后，沙俄势力部分撤离东亚，且沙俄内部革命形式高涨。1917年，俄国十月革命爆发，罗曼诺夫王朝被推翻。

而发展壮大的日本加快了其侵略朝鲜半岛乃至东三省的步伐。

苏伊士运河

苏伊士运河连接地中海与红海，无须绕过非洲大陆，是欧洲至亚洲的“最短航线”。1869年，苏伊士运河正式通渠。苏伊士运河将之前绕行非洲的航线缩短了近四成，伦敦到印度孟买所需时间缩短了约24天。

苏伊士运河由此成为欧洲通往亚洲的入口。它拉近了世界的距离，同时也戏剧性地改变了欧洲与亚洲的贸易关系。掌握这条运河，就意味着掌握了对亚战略与通商的关键。因此，苏伊士运河成了各国之间争斗的目标，其所有权也几经更迭。

流入英国之手的苏伊士运河

早在公元前，人们便意识到修建苏伊士运河的必要性。进入19世纪，英法等西方列强不断在亚洲扩张自己的殖民地，修建快捷连接起地中海与印度洋的苏伊士运河更加刻不容缓。法国率先参与了苏伊士运河的开凿工作。1854年，法国外交官雷赛布从埃及获得了苏伊士运河的开凿许可。1858年，法国成立了注册资本为2亿法郎的万国苏伊士运河公司。1989年开工的苏伊士运河连接埃及北部的塞得港和南部的苏伊士市陶菲克港，全长174千米，深八米，于1869年建成。

当时，苏伊士运河公司的股份虽由法国和埃及各占一半，但实际掌握苏伊士运河运营权的是法国。对此，英国感到越发不满。英国起初反对开凿苏伊士运河，但在苏伊士运河通渠之后，航行船只中有八成来自英国。这是因为当时英国在亚洲拥有很多殖民地，需要将本国商品倾销到殖民地，因此不得不经常使用运河。

如此频繁使用的运河却掌握在他国手上，认为其为阻碍的英国想方设法要取得苏伊士运河管辖权之时，一个千载难逢的机会来了。1875年，因开凿苏伊士运河与现代化建设投入巨大，埃及陷入财政危机。英国趁机迅速买走了运河公司的股份，拥有了苏伊士运河一半的管辖权。

连接地中海与红海的苏伊士运河。英国通过购买法国的股份，获得了运河的所有权。

1881年，埃及发生了反对列强干预的内乱风波，翌年，英国单独派出军队镇压，并使用武力占领了苏伊士运河，使埃及被英国军事统治。于是，英国获得了苏伊士运河的实际控制权，还把它当作控制亚洲殖民地的重要据点。苏伊士运河开渠前后，轮船也逐渐投入使用，这使得欧亚之间的贸易额飞速上涨，世界贸易格局产生了巨大变化。

1950年，直至两次世界大战结束，苏伊士运河才从英法等列强手中回归埃及。

英法两国挑起第二次中东战争

第二次世界大战结束后，埃及依然深受英国的影响，但是埃及在1952年通过革命废除了君主制，实现了现代化。其中一个代表性事件就是埃及从英美获得资金援助计划修建阿斯旺大坝，美国后以埃及接近苏联为由，撤回了其决定。1956年，为筹集水库建设费用，埃及宣布苏伊士运河国有化。

通过运河攫取丰厚利益的英法两国自然不肯拱手相让运河股份，两国决定拉拢与阿拉伯国家对立的以色列进攻埃及。英法以三国进攻西奈半岛后，这一行为吹响了第二次中东战争的号角，而苏伊士运河也被三国占领瓜分。

但是英法两国受到国际社会的强烈谴责，没有参与进攻的美国还对英国等实施了经济制裁，联合国也立即下达了停战协议。三国被迫撤出埃及的同年，经联合国调停，苏伊士运河被埃及收归国有。

苏伊士运河作为通往亚洲的最短航线，戏剧性地改变了世界海运局面，因此被欧洲列强争夺。在经历约一个世纪之后，才重新回归埃及的怀抱。

德国3B计划与英国3C计划的冲突之路

19世纪后半期，欧洲列强为了寻求市场和资源，利用军事力量侵略亚洲和非洲，进行殖民统治。

资本主义列强将欧洲以外地区进行殖民化的扩张政策，被称为“帝国主义”。这一阶段，列强为争夺对亚非殖民地的所有权冲突不断加剧，极大地动摇了国际政治秩序。

欧洲瓜分非洲

19世纪80年代后，非洲被以英国为首的欧洲列强迅速侵占。作为亚非殖民地扩张政策的一环，英国提出了“3C计划”，即修建一条铁路连接埃及开罗（Cairo）、印度加尔各答（Calcutta）、南美开普敦（Cap Town）三个城市，构建“三角地带”势力圈。取三个城市的首字母，命名为“3C计划”。

英国试图通过这一计划侵占整个非洲大陆，以及中东与南亚。然而，英国在非洲的殖民计划与法国横贯阿尔及利亚到非洲东岸的殖民计划产生了激烈冲突。不过英法两国并未发生大纷争，因为列强之间利害相关，双方为本国利益最大化而相互妥协。

但是，在当时却有一个国家向英国发起挑战，它就是新兴帝国主义国家——德意志帝国。

1871年，德意志实现统一，宰相俾斯麦通过拉拢俄国、奥地利、意大利和英国来孤立法国，巩固了其在欧洲的地位。德意志与同样作为新兴帝国主义国家的奥地利、意大利结成了三国同盟，加入了扩充军备、夺取殖民地的帝国主义阵营的斗争之中，要求重新分割殖民地。但是1888年，野心勃勃的威廉二世上台后罢免了俾斯麦。德意志也拒绝与俄国续订《再保险条约》，俄国向法国靠拢并结成法俄同盟，法国不再被孤立于欧洲国家间。

后来者德国在世界市场上与英国展开了激烈的经济竞争，1898年，德国又开始建造大舰队。英国为了与之抗衡，也围绕壮大海军力量建造战舰，两国矛盾不断激化。

英国3C计划与德国3B计划

德国为进军英法已占领的中东地区，将侵略目标率先投向已衰落的奥斯曼帝国，并攫取了连接德国柏林（Berlin）、伊斯坦布尔（即Byzantium，拜占庭）、巴格达（Baghdad）铁路的建设权，意图以此为跳板扩张侵略势力。“3B计划”的命名便源自这三地的首字母。“3B计划”是对“3C计划”的正面挑战，自然引起英国的强烈反对。这条铁路一旦完工，德国无须经过英治苏伊士运河就能自由出入亚洲，苏伊士运河的地位将大幅下降。更为关键的是，“3B计划”也有意侵吞英国的殖民地，让英国感到强烈危机。

这一矛盾成为第一次世界大战爆发的间接原因。

英国把德国视为威胁，明确要与德国进行对抗。成立了英国自治领南非联邦，以强化“3C计划”，同时拉拢法国。1904年，两国签订《英法协约》；1907年，俄国加入，签订三国协约，形成了“德国包围网”。

以德国为中心的同盟国与形成德国包围网的协约国敌对，国际局势紧张，大战一触即发。

成为打破这种紧张局势导火索的，是一场暗杀事件。1914年6月，奥地利皇储弗朗茨·斐迪南夫妇在波斯尼亚和黑赛哥维那的首都萨拉热窝被塞尔维亚青年所暗杀。由于奥斯曼帝国衰落，巴尔干半岛成了以俄国、德国、奥地利为中心的帝国列强争斗的“火药库”。以该事件为契机，皇储遇害的奥地利向塞尔维亚宣战，德国以同盟为挡箭牌加入战争，接着协约国也相继投入战争，战线不断扩大，形成了同盟国对峙协约国的局面。

英国与德国围绕“3C计划”和“3B计划”，为争夺殖民地发生冲突，双方矛盾不断升级，最终引发了一场前所未有的世界大战。

通往东京的“二战”结束之路

1914年，第一次世界大战爆发，这场持续了五年的战争使欧洲变得一片荒废。堑壕战拉长了战争持续时间，坦克及飞机等新式武器被投入战场。“一战”的死伤者接近1000万人，使整个人类社会被战争的恐怖包围。

“一战”结束十多年后，阿道夫·希特勒登上苦于支付巨额战

日军偷袭夏威夷珍珠港。

争赔款的德国历史舞台。希特勒的野心使德国人疯狂，并再度将世界卷入战争。

1939年，第二次世界大战在欧洲爆发，德意日结成同盟国。“二战”中，美国对日本实施经济制裁，要求日军撤出中国、停止侵略行为，并提交了《赫尔通牒》。1941年12月，日本突袭夏威夷珍珠港的美国太平洋舰队，太平洋战争爆发了。

至翌年6月，中途岛海战与所罗门群岛的瓜达尔卡纳尔岛战役成为日军帝国主义野心破灭的转折点。中途岛海战中，美国破解了日军的密码，突袭准备占领中途岛的日本舰队，击沉了日军的四艘航空母舰。日本在这一役中损失惨重，不仅折了航空母舰，还损失多艘舰载飞机。

中途岛海战是美国胜利的开端。8月，美国在瓜达尔卡纳尔岛战役中大破日军。面对企图在瓜达尔卡纳尔岛修建航空基地的日军，美国也开始在瓜达尔卡纳尔岛的基地建设，为攻击日本的拉包尔基地做准备。美军登陆瓜达尔卡纳尔岛后迅速占领了日军的飞机场。此后，日军陆续投入更多兵力与美国交战，可未尝胜绩，几万人在战争中死去。

以这些战争为分水岭，太平洋控制权向美国倾斜，美军通过两条路线对日本本土发动进攻。中部太平洋路线的总指挥是夏威夷的尼米兹司令，机动部队指挥是斯普鲁恩斯司令，他们沿中部太平洋西进，目标直指塞班岛。途中，他们逐个攻下吉尔伯特群岛、马金岛、塔拉瓦岛、马绍尔群岛的夸加林岛等地，将岛上驻扎的日军侵略部队尽数歼灭。

另一条路线由麦克阿瑟司令任指挥官，沿新几内亚北岸前进，串岛作战夺取菲律宾。麦克阿瑟采取了“跳岛战术”，避开日军要塞，如拉包尔等地，并在日军守备薄弱的萨拉毛亚、莱城等岛屿着陆，一边修建补给线一边发动进攻。

日军虽然认为尼米兹和麦克阿瑟合流后会向菲律宾进发，却疏忽防备塞班岛。1944年7月，美国将计就计攻下塞班岛，使日本本岛大部分地区暴露于美军空袭范围中。此后，美国一边向日本本土反复发起空袭，一边攻占了菲律宾、硫黄岛。尼米兹和麦克阿瑟的军队合流后，于1945年4月登陆冲绳。包括95000名冲绳县居民在内的20万日本人战死，之后美国占领了冲绳。

日本本土的大城市因受到空袭而化为焦土，日本列岛被潜水艇和水雷封锁。1945年8月，美国在长崎、广岛投下两颗原子弹，苏联也加入对日作战，战败国日本宣布接受《波茨坦宣言》，第二次世界大战结束。

从夏威夷、所罗门群岛到新几内亚、菲律宾的岛屿路线，是美国逼近日本，促使“二战”结束的反击之路。

参考文献

『アレクサンダー大王 未完の世界帝国』ピエール・ブリアン著、桜井万里子監修、福田素子訳、『十字軍 ヨーロッパとイスラム・対立の原点』ジョルジュ・タート著、池上俊一監修、南條郁子、松田廸子訳、『キリスト教の誕生』ピエール=マリー・ボード著、佐伯晴郎監修、田辺希久子訳、『図説 世界の歴史９ 第二次世界大戦と戦後の世界』Ｊ.Ｍ.ロバーツ、五百旗頭真監修、月森左知訳、『世界の古代民族シリーズ フェニキア人』グレン・Ｅ.マーコウ著、片山陽子訳（以上、創元社）／『ヴィジュアル版「決戦」の世界史』ジェフリー・リーガン著、森本哲郎監修、『ナポレオン戦争全史』松村劭、『ラルース 図説 世界史人物百科II ルネサンス―啓蒙時代「1492-1789」』フランソワ・トレモリエール、カトリーヌ・リシ編、樺山紘一監修、『図説 世界史を変えた50の鉄道』ビル・ローズ著、山本史郎訳、『図説ヴァイキングの歴史』Ｂ・アルムグレン編、蔵持不三也訳、（以上、原書房）／『カルタゴの歴史 地中海の覇権をめぐる戦い』マリア=ジュリア・アマダジ=グッゾ著、石川勝二訳、『カルタゴ興亡史 ある国家の一生』松谷健二、『リチャード獅子心王』レジーヌ・ペルヌー著、福本秀子訳（以上、白水社）／『地図で読む世界の歴史 ローマ帝国』クリス・スカー著、矢羽野薫、牧人舎訳、『図説 秘話でよむ太平洋戦争』太平洋戦争研究会編、『図説 ロシアの歴史』栗生沢猛夫、『地図で読む世界の歴史 ロシア』ジョン・チャノン、ロバート・ハリソン著、桃井緑美子、牧人舎訳、『図説 フランスの歴史』佐々木真、『図説 海賊』増田義郎（以上、河出書房新社）／『鄭和の南海大遠征 永楽帝の世界秩序再編』宮崎正勝、『鉄道と戦争の世界史』クリスティアン・ウォルマー著、平岡緑訳、『世界の歴史４ オリエント世界の発展』小川英雄、山本由美子、『世界の歴史６ 隋唐帝国と古代朝鮮』砺波護、武田幸男、『世界の歴史８ イスラーム世界の興隆』佐藤次高、『三千年の海戦史』松村劭、『黒死病 ペストの中世史』ジョン・ケリー著、野中邦子訳（以上、中央公論新社）／『世界史リブレット人29 カール大帝 ヨーロッパの父』佐藤彰一、『宗教の世界史８ キリスト教の歴史１ 初期キリスト教～宗教改革』松本宣郎編、『詳説世界史研究 改訂版』木下康彦、木村靖二、吉田寅編（以上、山川出版社）／『仏教 ブッダの教えを「超整理」！』PHP研究所編、末木文美士監修、『新訳 ローマ帝国衰亡史』エドワード・ギボン著、中倉玄喜編訳（以上、PHP研究所）／『古代ギリシアとペルシア戦争 500BC‐323BC 東地中海の攻防』ジャック・キャシン・スコット著・彩色画、柊詩織訳、『図解 第三帝国』森瀬繚、司史生、『古代ギリシア人の戦争 会戦事典800BC‐200BC』市川定春（以上、新紀元社）／『新シルクロード 歴史と人物 第7巻 仏教の来た道』平山郁夫監修、長澤和俊著、『草原とオアシス』山田信夫、『中国の歴史11 巨龍の胎動』天児慧（以上、講談社）／『[決定版] 図説 日露戦争 兵器・全戦闘集』、『科学で見る世界史 歴史の黒い主役たち』（以上、学習研究社）／『137億年の物語 宇宙が始まってから今日までの全歴史』クリストファー・ロイド著、野中香方子訳『ヴァレンヌ逃亡 マリー・アントワネット運命の24時間』中野京子（以上、文藝春秋）／『50のドラマで知るヨーロッパの歴史 戦争と和解、そして統合へ』マンフレッド・マイ著、小杉尅次訳、『はじめて学ぶイギリスの歴史と文化』指昭博編著（以上、ミネルヴァ書房）／『中国五千年 下』陳舜臣、『中国歴史地図』朴漢済編著、吉田光男訳（以上、平凡社）／『CG世界遺産 古代ローマ』（双葉社）／『パイオニアとなった挑戦者たち』竹内均編（ニュートンプレス）／『ＮＨＫスペシャル 文明の道 ④イスラムと十字軍』ＮＨＫ「文明の道」プロジェクトほか（日本放送出版協会）／『玄奘三蔵、シルクロードを行く』前田耕作（岩波書店）／『30の戦いからよむ世界史 上』関眞興（日本経済新聞出版社）／『イスラーム書物の歴史』小杉泰、林佳世子編（名古屋大学出版会）／『イスラーム』ジャマール・J・エリアス著、小滝透訳（春秋社）／『イスラーム基本練習帳』造事務所編著、山内昌之、大川玲子監修（大和書房）／『イスラーム教を知る事典』渥美堅持（東京堂出版）／『シルクロード 10万年の歴史と21世紀』野口信彦（本の泉社）／『シルクロード入門』長澤和俊監修（東京書籍）／『すぐわかる世界の宗教 古代の神話から新宗教まで』町田宗鳳（東京美術）／『ペストのフランス史』モニク・リュスネ著、宮崎揚弘、工藤則光訳（同文舘出版）／『ヨーロッパII 中世』ノーマン・デイヴィス著、別宮貞徳訳（共同通信社）／『ヨーロッパの黒死病 大ペストと中世ヨーロッパの終焉』クラウス・ベルクドルト著、宮原啓子、渡邊芳子訳（国文社）／『ライフ 人間世界史3 蛮族の侵入』ジェラルド・シモンズ（タイムライフインターナショナル出版事業部）／『１日で見る！ 読む！ 世界史』増田ユリヤ監修（主婦の友社）／『概説イギリス史 伝統的理解をこえて』青山吉信、今井宏編（有斐閣）／『教科書とはひと味違う世界史のだいごみ』越野明（秀和システム）／『殺戮の世界史 人類が犯した100の大罪』マシュー・ホワイト著、住友進訳（早川書房）／『三省堂世界歴史地図』ピエール・ヴィダル=ナケ編、樺山紘一監訳（三省堂）／『三蔵法師の歩いた道 巡歴の地図をたどる旅』長澤和俊（青春出版社）／『紙の博物誌』渡辺勝二郎（出版ニュース社）／『図説 人類の起源と移住の歴史 旧石器時代から現代まで』ラッセル・キング編、リリー・セルデン訳（柊風舎）／『図説 大西洋の歴史 世界史を動かした海の物語』マーティン・W・サンドラー著、日暮雅通訳（悠書館）／『図説モンゴル帝国の戦い 騎馬民族の世界制覇』ロバート・マーシャル著、遠藤利国訳（東洋書林）／『世界史の海へ』宮崎正勝（小学館）／『早わかり中東&イスラーム世界史』宮崎正勝、『早わかり世界近現代史』宮崎正勝（以上、日本実業出版社）／『戦争・革命でよむ世界史 総解説』三浦一郎ほか（自由国民社）／『大日本帝国の興亡３ 死の島々』ジョン・トーランド著、毎日新聞社訳（早川書房）／『第三の世界史 西欧中心でない真の世界史』謝世輝（偕成社）／『中世のイギリス』エドマンド・キング著、吉武憲司ほか訳（慶應義塾大学出版会）／『南北分裂王国の誕生 イスラエルとユダ』秦剛平（京都大学学術出版会）